五井先生と著者（右）

昭和35年10月撮影

世界平和の祈り

世界人類が平和でありますように

日本が平和でありますように

私達の天命が完うされますように

守護霊様ありがとうございます

守護神様ありがとうございます

昌久

続・如是我聞

――五井先生の言葉――

「続如是我聞」を推薦する

長谷部俊一郎

五井昌久先生の直弟子で白光真宏会の機関誌「白光」の編集をながくしている高橋英雄さんが、今度「続如是我聞」を出版した。「如是我聞」とは側近にいて折にふれ、五井先生のかたられたことば片言隻語を収録した金言集である。

わたしは永年「白光」誌の恵与をいただき、何よりもまずこの「如是我聞」をよみふけった。

実に片々たることばが時に電光石火、心をとらえ、襟を正さしめ、ときに手をたたいて同感を禁じ得ない程の語録。寸鉄人をさす妙句をも秘めているからである。

人は不用意にかたることばのなかに、真骨頂を含むものである。五井昌久先生の法話も懇切で耳を傾けしめるものがあるが、むしろわたしはこの短言にいのちあることばのすばらしさを発見している。

釈尊によい弟子阿難がいた。阿難はその説法をきゝもらさじと胸にたゝみこみ、のち「われかくのごとくきく」の冒頭をもって経を編んだ。イエスの弟子ヨハネまたしかり。

わたしは文豪ゲエテによい弟子エッケルマンがおって、晩年円熟した言行を書きとめ、それが「ゲエテとの対話」を生んだことを知っている。もしエッケルマンなくしてはゲエテの晩年の面影を知ること、今日程ではあり得なかったであろう。

五井昌久先生によい弟子高橋英雄さんがおることはまことに祝福されていい。彼は前に「如是我聞」を世に問うて読者を狂喜せしめた。彼は名編集長としてまた側近の一人として、先生のことばを収録してくれることはたいへんありがたい。

前著「如是我聞」をはるかにしのぐすぐれた法語集として今度の出版は江湖の渇をいやしてくれるにちがいない。

わたしはこれを愛読することを切にねごうものである。

（詩人）

1

私は人に霊修行をするようにすすめはしない。しかし――どうしても始めなければならなくなったら、とことんまでやらなければいけない。

身体が透き通って、自分がどこかへなくなってしまう気がするから、恐ろしくなる時がある。そこを乗りきるのが大変なのだ。どうしても肉体が自分だと思っているからね。私の修行中にもそういうことはあった。けれど私はとことんまで突きつめるというたちもあったからだろうが、結局は守護神たちがやらせようとしてやらせたのだから、最後までやり通せたのだろう。

そういうことを思うと、人それぞれには天から与えられている使命があって、その使命以外のことをやろうといくら力《りき》んでもだめだ、ということがわかる。たゞ素直に神のみ心の中に入ってゆくこと、そうすると自然に使命を果すことができるようにさせて下さる。

2

自分をせめ、人をせめることを止めよ。せめることから自分を解き放つと、生命の光が豊かに流れ入ってくる。

3

たとえ自分が馬鹿をみても、自分が損をしても、自分の都合より人が真に生きるための都合を先に考えるということに徹し切ることだ。

4

自分自身と思っているものは、単なる想いに過ぎないのである。水泡《うたかた》の如くあらわれては消えてゆくものである。真の自分とは、内奥で光り輝いているものである。この真の自分を把握し、自覚できる時、人は真に幸福になれる。

5

今の原因は、たどるとみな前生にある。

6

世界平和を祈っていれば、その場そのままで死んでもいいんだ。そのままが神界なのだから。

7

世界平和の祈りで生命おだやかな平安な生活をしよう。

8

富や地位を得ようとあくせくするな。それより積極的に善をなせ。ということは、世界平和の祈りをまず一生懸命祈ることである。そうすると、天より必要な時に必要な財が与えられ、必要な地位が与えられる。

9

人間は生き通しの生命なのである。生命の個性のひびきをもって、永遠に輝き生きつづけるのである。

10

肉体を去っても体はある。しかし、その体は微妙な波動の体であって、光であると同時に、あらわそうと思えば体となる、というものなのである。

11

自分を愛するとは、神さまからきた自分の生命を大切にすることである。自分の心、自分の生命を汚さないことである。つねに自分の心をきれいに磨いておくことである。

12 いかに自分が正しくとも、人を傷つけてはいけない。

13 つねに完全を目指して精進せよ。かえりみて己れになんらかのわだかまりがあったらば、それがなくなるまで祈りつづけることだ。

14 言葉と行動を一致させよう。

15 祈りはたゆみなくせよ。

16 いかに自分が正しいことをやっていても、他の人に不快な感情を与えるようでは、まだその行為は本ものとはいえない。

17

肉体への執着、喜怒哀楽、利害得失に把われそうになったら、その時ほど強く祈ることだ。

18

人生はラセン階段式に登ってゆくものだ。心境が下《さが》ったように見えた時、思った時が大事である。「オレはなんて駄目なんだ」としょげず、そういう時こそ祈り、迷いがたくさん出た時ほど一番心が飛躍する時だ、と思え。

19

熱しやすくさめやすいのが、人間の想いであるが、自然にいつも静かに燃えている想いになるためには、想いをギリギリさせて祈るのではなく、心をゆったりと、のんびりとさせて祈ることが必要である。

20

世界平和の祈りは大光明である。唯一つの避難所である。祈りの中に入っていれば、何ものもおかすことはできない。ところが、おかされるんじゃないか、と思ってしまう。因縁があれば悪いことが出てくるのではないか、と不安に思ったりする。折角、光明の中に入っていながら、想いの手を外に出してしまうのである。

あゝでもない、こうでもない、だめじゃないか、いいじゃないか、などと想いをゆるがして想いの手を出すな。出したら、すぐ消えてゆく姿だナ、と思って手をひっこめろ。

21

ここに一個の肉体としてあると自分は一人だと思う。しかし、自己は一人ではなく、祖先の代表としてここに生れているのであり、祖先の悲願が結集して自分となって生きているのである。

22

人間は肉体ではなく、神の光の現われている一つの場であり、光の働きをしているものである。

23

永遠の生命をつかまえなければ、真の平和も幸福も得られない。

24

人間は肉体だけのもの、としか考えられない人は不幸だと思う。たかだか長くて百年という短かい期間の中で、人をあざむいたり、人をおとしいれたりして栄華を尽して何になろう。ふみつけられ通しの一生だとしても、苦しみの連続の生涯だったとしても、生命を汚《よご》さず、生命を生かしているものは、永遠の生命をすでに輝かしているものなのだ。

25

まず幽体を浄めることである。幽体が浄まると神の光がそのまま素直にあらわれる。

26

世界平和の祈りの大光明は、幽体、幽界の汚れを浄める力である。

27

人間の心というものは不思議なもので、見るものと見られるものと二つあります。例えば恐怖する心とそれを消えてゆく姿と見る心とがあるわけです。あらゆる想いを消えてゆく姿と眺め、世界平和の祈りに入れきっていると、見るものと見られるものが一つになり、自《おのずか》らと自《みずか》らとが一体になり、させられることとすることが一つになるのです。

28

真実の勇気というのは人々にわからないことが多い。長距離競争をしていて、ビリと一等とを見まちがえてしまうことがある。それと同じようなものだ。

29

編集室でのことである。ちょうど村田正雄さんもいらっしゃってのこと。

「今ここに、たとえば村田正雄、高橋英雄というものがいると思うでしょう。しかし私の目から見ると、そういう個の肉体はないのです。天命が生きているのですよ」

30
自分が正しいと思ったこと、善いと思ったことを実行できて、はじめてその人は善い人といえるのである。

31
宗教は小我の自分をなくすために入る。宗教に入って小我の自己があってはおかしい。自分を出したい人は、自分をどんどん出しきって、この世の中の経験をつんでみることだ。そして壁に突き当った時、はじめて宗教の門をくぐるとよい。

32
昔ながらのことだが、やはり女性はつつしみ深さがあったほうが美しい。

33

言葉よりも、その人の行為に宗教はあるのである。

34

人間の真の幸福は神を知ることです。神を知ることは自分自身を知ることです。これが一番の幸福です。

35

ルオーの展覧会へ行きましたが、そこにキリストの絵が出品されていました。そのキリストの絵には生命が生きているのです。私が観るとそこにキリストが来ているのです。だからでしょうか、その絵をみていると涙が出てしかたがありませんでした。ルオーが彼の生命をこめて描いた絵なんですね。何事をするにも、生命をこめて一生懸命する時、そこには神がいらっしゃるのです。台所仕事なら台所仕事に一生懸命生命をこめてするなら、そこに神がいらっしゃるのです。

36

善といい、悪というのも弁証法的展開の現れであって、悪と現われるのも善への過程であり、善と現われるのもより高き、素晴しい善の現われんとする過程である。善といい悪というものは本来ないのである。たゞ本来性の善のみ在るのである。

37

本当のことを伝えるには少ない言葉でよい。真理のコトバは数少ないもので充分である。

38

自他の想いに把われず、想いを自由自在にできる人を悟っている人という。

39 祈りとは祈り言葉をハシゴとして、生命をひらいてゆくことである。

40 人格をはかる尺度は家庭の身近かの者にいかに尊敬されているか、いかに愛されているかにある。

41 己れの直感のままに行動して失敗したからといって、恐れてはいけない。その失敗したことが、あとで好結果をもたらしてくれる。守護神さんはそういう導き方をして下さるものなのである。

42 精神統一という言葉にとらわれてはいけない。常に各人を守っていて下さる守護霊に、〝守護霊さん有難うございます〟と感謝することは、守護霊さんに統一したことになるのです。そうすると守護神さんからの力がグーッと自分に入ってくるのです。

43

霊的な人はつねに注意をはらえ。

44

まず自分の調和が大事である。

45

神さまは魂の親である。だから何かある時は子供が親に向っているように、無邪気に素直に「神さま、教えて下さい」と神さまにきくことである。するとスパッと答えが出てくるのである。

46

「私たちの使命は祈りの使命です。それぞれが世界人類の平和を祈ることによって光の柱となり、天と地をつなぐ使命を持っているのです。現世の仕事は第二で、まず第一は祈りです」とある講師の質問に先生は答えられていた。

47

仕事がある時は一生懸命にやり
仕事がない時はのんびりとゆったりとして
金がなくとも
米がなくとも
すべてを天に任せて悠々と生きたいものである。

48

えらいとほめて認めてくれるのは他人。

うまいですね、といってくれるのも他人。

49

あせるのは我《が》があるからだ。

すべては神がなさっているのである。なすべきことは、なすべき時にするようになっている。

50

神さまにすべてをまかせて、今、与えられている仕事をしていればよい。

資本主義、共産主義、社会主義という主義だけでは、この世は真実の平和にはならない。地球世界の文明文化がもうそういう主義を超《こ》えたところに進んできているからである。己れの主義主張のみにつかまっていると、大宇宙の法則を見失い、世の中の真実の働きや、未来を見誤ってしまうことになる。気をつけるべきことだ。

51

高慢とか怒りとか恨みとかいう業《ごう》に対抗してはいけない。それらを祈りの中に昇華せしめつつ人に対せよ。

52

「私は霊体で、霊身で生きているのだ」と思いこむといいね、とおっしゃったことがある。

53

世界平和の祈り以外にわが行く道はない。

54
神の子である自分を現わすことが宗教の根本である。

55
眠るということは非常に大切です。いろいろ悪い想い、心配事とか怒り恨みなどの想いを溜めて、そのまま寝ると、夢の中でも悪い想いをしますし、明日の朝でも気持が悪い。ですから寝る時は、人間が死んでゆくと同じように、心を楽に、清らかにしてから眠るのが一番いい。

そのためには、寝る前に祈ることです。クシャクシャした気持、腹が立って嫌な想いを世界平和の祈りの大光明に消してもらうことです。そして祈りながら寝てしまうことです。

世界平和の祈りをすると、その人の想いは神さまの心の中に入っているわけですから、喜怒哀楽の三界の業生の世界からぬけています。その祈りの想いのままでねてしまって、夢の中でも世界平和の祈りがつづいているような眠り方をしますと、明日の生活がよくなります。これをつづけることです。

56

頂くものは有難うございますと思って頂き、差上げるものも有難うございます、と思って差上げることです。

57

すべてに感謝できる人
素直に神さまがわかる人
人の幸せを願う人
こういう人は上根の人である。

58

人間だと、どんな好きな人があっても、自由に想う通りにその人を愛することはできません。相手に嫌だといわれればそれ迄です。ところが神さまだけは「神さま、あなたが好きです」といったら「ハイ私もあなたを愛していますよ。サアいらっしゃい」とすぐ抱きかかえてくれるのです。だから淋しい時なんでもいいから、神さま！　とお呼びしなさい。

59

世界平和の祈りは、親が子供のことを想うような、子供が親を想うようなそういう想い方で祈っていることです。

60

いつでも本心があらわれている人間になろう。

61
本心が完全に開いてから働こうと思う人がいる。しかし、本心を完全に開くには一生も二生もかかるものだ。そんなことでは人助けをすることはできなくなる。だから本心を開きながら自我欲望を少なくしながら、人助けをすることである。人助けを多くすればする程、それだけ光が多くなるから、本心の開発は早くなる。

62
「素直」に徹底すること。これが宗教の根本である。

63
自分の想いを満足させるために、肉体を酷使してはいけない。肉体に感謝しよう。

64
人間として大事なことは、本心をこの世の中において現わすことである。そして来るべき第二の人生にそなえて光をたくわえておくことである。光をたくわえるとは、自由自在に生きられるということである。そのためにどんなに苦しいことがあっても、つらいことがあっても、それをのりこえて、本心を現わすことに専一することである。

65

心が柔和になり、明るくなり、勇気が出て立派になるために宗教をやるのです。

66

自分の欲することをかくさず出すことが本心を出すことである、と思い違いをしている人がいるが、本心を出すということは、内なる神のみ心を出すということである。しかし、想いというものがカルマから出てくるものであるか、神のみ心から出ているものであるか、人間智ではわからない。そこで守護霊守護神にまず素直になることである、と私は説くのである。

守護霊守護神に素直に感謝していれば、守護霊守護神が自然な形でちゃんとうまく教えてくれる。本心を出すようにして下さる。

67

人間は理想を求め、完全を現わそうと努力しながらも、不完全な自分、欠点だらけの自分にしばしば泣くものである。

せっかちに理想を求め、完全を求めてはいけない。そうすることは自分を痛め自分を傷つけるだけである。せっかちに求めずに、守護霊守護神に感謝し、欠点だらけの自分、不完全な自分を消えてゆく姿と観じていけば、守護霊守護神が足らざるところを足しましてくれる。

68

神経は先がとがっていて、幹が太く、根が広い、という人間になることだ。そういう人間は、神経が細かく動きながら、把われが少く、勇気と愛に充ちている。そういう人間になるためにも、たゆみなき世界平和の祈りが必要だ。

69

祈りというとただお願いだと思っているが、祈りというのは魂の浄めである、ということを知らない人が多い。

70

自分一人の力で、現在の地位を築きあげたという実業家もいなければ、政治家もいない。芸術家でも宗教家でも同様である。すべて守護霊守護神のバックアップ、導きによるのである。

71

偉い人というのは、自分のことばかりを考えてはいない。天地自然の理とか、他人の幸せをつねに考え、行っている。

72

自分を見つめるということは、感情によって左右される表面的な自分を見つめるということではない。その奥にある、永遠の生命と一つになる自分を見つめることなのだ。

73

いかなる宗教活動も、自分の感情を満足させるためにするのではない。
自分の感情が満足されないで、くさったり不平不満に思ったり、心を不安動揺させることは、即ち自分が真の宗教活動をしていなかったということである。

74

表面《ひょうめん》だって働くこともよいだろう。しかしそれよりも自分を浄め、深めることがもっと大切なのだ。

75

或る人へのご指導の一節――

「私の心が澄み切りますように、深まりますように、と祈りなさい」

76

ノイローゼ気味の青年へのご指導の一節――

「自分を見せようとするな。見せようとするから苦しいのだ。真裸の自分をさらけ出してしまいなさい。オレはこれだけの者と勇気を持って認めることだ。それだけでずい分楽になるだろう」

77

運とその人の人格とは別のものなのである。人格は磨けば磨くほど光り輝き、立派になってくる。しかし、運というのは波があるから、上昇する時もあれば下降する時もある。上昇する時はいいが運が下向いてきた時、背後から強力に応援してもらうことが必要なのである。それには一番いいのは、信仰をもって、神様（守護霊守護神も含めて）にひき上げてもらうことである。そうすれば、運にいかに波の高低があろうと、神様がうまくのりきるようにしてくださるのである。

78

調和とは自分がなくなることである。

79

平和運動に憎しみがあっては、その運動は本当のものではない。

80 政治家には先を見通す目が必要である。

81 暖かい心、思いやりのある人がいい。冷い人はいくら才能があっても、立派にはなれないし、仕事もうまくいかないことになる。

82 大乗《だいじょう》ということは、男も女も、年寄りも子供も、誰でもが乗れ、そして彼岸《ひがん》につけるという乗り物のことである。しかも誰でもがやさしく乗れて、さぐれば限りなく奥深いという真理なのである。

消えてゆく姿で世界平和の祈りは、大乗の教えである。

83 夢をみるということは有難いことだ。

84 書いたものやお説教はすばらしい人がいるが、光が出ていない人がいる。どうしたことだろうね。また一方、だまっていても光っている人がいる。……どう思うかね。

85 政治家の体は国民のもの、宗教者の体は神のもの。

86 生命は神の責任にあり、生命の使い方は人間の責任にある。

87

学問知識だけを楽しんではいけない。学問知識を生かすことである。

88

ある時は悠々とし、動けば敏速果敢。勇気があって優しい思いやりのある人。こんな人がいいね。もともと人間の本質はそういうものなのだからそうなれる。あらゆる眼前に現われたことすべてを消えてゆく姿として、平和の祈り言に入れ、悔いの残らない生き方をしていきましょう。

89

問題はお説教の言葉ではない。その人の人柄である。

90

神さま、仏さま、信仰、信心、といっている人が必ずしも真の宗教的生き方をしている人とはいえない。神とか仏とかいわなくても、誠心誠意の生き方をしている人は宗教的生き方をしている人である。

91

五感の欲望だけを満足させたい、という想念行為は、この世において業となる。

92

欲望があるということは業をつくりもするが、消えてゆく姿で、世界平和の祈りという生き方は、欲望を昇華し、純化して、人類のため社会のためになるエネルギーにかえる。

93

私は「何々してはいけない」いけないいけないとはいわない。いけない、いけない或は、すまいやるまい、と想いを内に抑えひっこますのではなく、これは業の消えてゆく姿だ、これで本心が開くのだ、と想いを積極的に明るいほうに転じて、更に世界平和の祈りという神さまの人類救済の聖業のお手伝いをさせるようにしているのである。

94

人間が真実に生きるためには、己れを空しくすることと愛深くあること、これが必要である。

95

人間大きくなりたかったら、自分の責任を他に転嫁するな。

96

いつも霊界にいるつもりで裸の心であれ。

97

たとえしゃべったこと、或いは書いたことで人が悟り、人が救われたとしても、それはその人自身の悟りとは関係ない。神さまが人を救い、神さまが人を悟らせたのであって、その人がしたことではないのだ。

自分の悟り、自分のすべては裸の自分の想念行為がきめるのである。

98

自分の思想主義というものを作って、その中に自分をとじこめてはいけない。そうすると自由無礙に大きな働きが出来ない。

自分は神の光の一筋なのであると、神さまの大きなみ心の中にスッポリ入ってしまうと、主義思想にとらわれることなく、真実の働きが出来るのである。

99

霊修行の際は、いろいろと霊的脅迫もあり、現世的にも障害があった。しかし、私を支えたのは、私は絶対悪いことをしていなかった、人のため国のため、人類のためにどうぞお使い下さい、と投げ出した私の生命を神さまは絶対に悪くするはずはない。もし悪くするならば、この世界には神も仏もないということだ。そんな世界ならばこっちからおサラバだ、という気持だったよ。

100

私は神に親しんだけれど、神をひとつもおそれはしなかった。もし私をどうこうするというような神霊があったとしたら、その神霊のほうが間違っていると思っていた。

101

何事でもそうだが、宗教信仰においても、何か一つのことを完成しようというには、大変な勇気がいる。幽界の不良生物から随分と誘惑もあるし、脅迫やら攻撃がある。しかしそれを突破し、どんなものが来ても、自分は光り輝いている、というものにならなければいけない。

102

それにはただひたすらなる神への全託、信よりない。

103

世界平和の祈りの中にひたすら入りこんでいると、自然と自己の内なる神の力が現われてくる。

肉体の自分がやっているんだ、と思ってるようなうちは、その人は大した人間ではない。

104 三界（迷いの世界）をこえるには空《くう》になることが必要である。しかしくうという言葉はむずかしいし、わかりにくい。そこでわかりやすくいうと、命を捨てるということになる。これでもまだわかりにくいならば、現われてくるすべてのものに〝ありがとうございます〟といえることである。そういえるようになれば、三界をこえているのである。

105 子供は神経質にせず、大胆な、のびのびとしたものに育てよう。それには、小さなことにガミガミとやかましくいわないことだ。

106

何もいわなくてもいい。ふわーっとして暖かい、そして、あゝあの人はなんてなつかしいんだろう、という人になることです。

107

正しい霊能は自ら求めるものではなく、神霊より授けられるものである。

108

他の霊によって、自分が動かされているようでは、その霊修行の完成はおぼつかない。

109

いつも相手の立場を考え、相手の気持を思いやるという心を持っていることが必要だ。

110
お話をしたあとの効果を期待するな。効果は神にまかせよ。

111
頭をカラッポにして天の霊気で一杯にしよう。

112
自分でしていると思っているが、ほんとうはさせられているのだ。させられているのだから守護霊さんにまかせたほうがいいのだ。

113
海にいったら海の気に合わせよ。山に入らば山の気に合わせよ。人間は天地大自然に気を合わすことが必要である。

114 山には山の神さまがいらっしゃり、海には海の神さまがいらっしゃる。

115 海の底（即ち奥）には生命の根源がある。

116 海は人間に寛容の美徳を教え
山は身心を清澄にしてくれる。

117 目を開いていれば松が見える。雲も見えるし風も感じる。しかし、私にとっては
松も風も海も人も離れて存在しているものではない。みな私の中にあるのである。

「海や山の気に合わせるにはどうすればよいのですか?」

「例えば海の波の音に合わせるとか、山の木々をゆする風の音にひゞきを合わせるとか、その広さ、気高さに心を合わせるという方法をとるか、または守護霊さん守護神さんありがとうございます、とふんわりとおまかせするか、このどちらでも自分にいい方法をとりなさい」

「そうしますと、世界平和の祈りを素直に唱えていればよろしいのですね」

「それでいいのです。みなさんは守護霊守護神と一体なのです。一体でないと思っている想いが邪魔して離しているだけなのです。だから、守護神守護霊と一体なのだ、と深く深く思うことです」

119

一歩一歩、大地に感謝して歩くこと。大地は生きている。地球霊王の体なのである。

風にも、太陽にも、草木にも、雨にも、感謝して一歩一歩歩こう。

120

分けてみれば、肉体の私は天の私の思うまゝに動く。天の私が動くとき肉体の私が動く。肉体の私が動くときは天の私が動いている時である。そこに一枚のすきもない。

121

地の私はたゞ天の私に全託すると、天の私がすべてを行ってくれるのである。

122
武とは戈《ほこ》を止むると書くが、武とは邪悪の気をおさえ、消滅させる気の力である。みなさん方もその力を持ってほしい。
それにはどうしたらよいか。自分は守護神と一体である、守護神そのものであると自覚することである。

123
慢心とは自分を見せる心である。

124
今の自分が愛深く、今の自分が信かたく、今の自分が明るく生きることです。

125
今の運命、今の不幸、今の貧乏、病気というのは、過去の影絵である。実体のないものであるから、じたばたせず、内なる真実なる自分の中に入り、自己の光をますように努めることだ。その方法は、守護霊さん守護神さんお願いしますと、ひたすら守護の神霊に自分の運命をまかせてしまうことです。守護の神霊は自分を幸せにしようしようとされているのだから、つねに守護の神霊に波長を合わせておくことです。

126

自分の感情をよごすこと、心を乱すことはすべて消えてゆく姿と思うこと。

127

親しき中にも礼儀ありという言葉がありますが、これは夫婦の間にでもあてはまるのではないだろうか。

夫婦というものは、お互いにふれてもらいたくないことを、平気でズケズケといってしまう。そうしては気まずい想いをしています。
こういう風に思ったらいいでしょう。
夫も妻も他人なんだ、と思うことです。他人行儀にしろというのではありませんよ。他人だと思えば、相手を傷つけるようなことは平気ではいわなくなるでしょうからね。そういうことですよ。

128

目に見えない存在の力は大きい。それを知っていなければ大きい仕事はできない。

129

トップ経営者は、目先の利益のことだけにとらわれず、永遠の生命につながる目を持つことが必要である。

130

偉いと私が評価するのは、いわゆる「私」というものがない人をいうのである。西郷南洲は天地に通じている素晴しい人物である。

131

もし止むを得ず胎児を中絶したのなら、その魂に代って、両親は徳をつむようにすることである。堕胎というのは魂の進化を止めることになるから、大変な罪である。しかし万止むを得ざる場合は、両親はその代償として、一生懸命徳をつむよう努力することだ。

132

素直と感謝の心は高い魂のひびきである。

133

現代は地獄が表面にあらわれている時代です。表面いかにも悪そうに見えるが、実は新しい世界がこれから開けてくるという前兆なのです。だからわれわれは、世の汚穢を浄化し、すばらしい世界をつくるという、よい時代に生れ合わせてきているのです。

134

悪のうずまく時代においては、お説教や言葉でいくらいいことをいっていても、相手は変らない。それよりまず自分が浄まって、その光をふりまくことである。その光にふれて人は変わってゆく。

135

組織（会社・党・組合等）の中で発言するのではなく、宇宙の法則、人間の本質、原則に立って発言せよ。そうすると自然に人はついてくる。

136

肉体人間では何事もなし得ない。肉体人間観をすてることである。つねに宇宙の原則、永遠の生命観に立つよう心がけるべきである。

137

私はここ百年、二百年間のことより永遠の生命をつねに見つめ考えている。百年、二百年のことは大体決まっているようなもので、それが地に現われてくるのである。だから、目先のことに一喜一憂することはないのだ。

一喜一憂しなくなると、脚下照顧となって、一日一日が大切になってくるのである。

138 つねに太陽のように、月のように本心を輝かせている修練をすることだ。

139 枝葉の想いにとらわれず、真直ぐ神さまの中に入ってゆくことが宗教の極意である。

140 平凡で強い人、よごれた世の中に入っていても悪によごれない人、そういう人をつくりたい。

141 求めつつ与えよ。

142
勇気ある人間になりたいと思ったら、つねに勇気を私に与え給え、と守護霊守護神に祈りつづけなさい。そうすれば勇気がでるものです。

143
自分の体というのはないのです。神さまが創った体なのだから、神さまの体なのですよ。それを自分の体と思うから、そこに執着が生じ、執着から迷いが生れてくるわけです。はじめから「自分」なんていうものの所有物は一つもないのです。

144
人間がうまく説いたとしても、それは神さまが説いたのであり、その人自身とは違う。その人自身はその人自身の常日頃の想念行為が決定づける。私はいつもそう思っている。あちらの世界（霊界）はその想念行為がそのまゝ現われる世界なのである。私はいつも開けっぴろげで、心になんのわだかまるところもない。かくしたり、てらったりするところがない。そのままをいつも出している。だからあちらの世界へ行くも行かないもない。常にここは霊界であり、神界であるわけだ。

145

説くのは神であり、肉体の自分は説かされるのである。その間にどうしてもズレはあるが、それは消えてゆく姿と思い、常にズレを埋めてゆくよう精進していけばよい。説くことも説かされることも、一つになれるようになることが一番いい。

146

自分に酔うな。自分の言葉に酔ってはいけない。自分の研究に酔ってはいけない。自分の芸に酔ってはいけない。酔うと進歩が止まる。

147

世界が三分の二亡びてから救世主が現われる、そんなのろまな救世主は役に立たない。三分の二亡びるということは、三分の一残った人も苦しむのです。恐怖で苦しむのです。

そんな時に現われるのろまな救世主はいらない！　と私はいうのです。そんなノロマでどうするんだい。だからみな各々が救世主になって、世界を平和にしなければならないというんです。

今に大救世主が現われ、奇蹟の力を現わしてくるだろう、とそれだけを生甲斐にしていてはいけない。

キリスト教の人の中では、キリストが再臨して世を救うと想っている人が多い。キリストの再臨とは皆さんの本心開発のことなのだ。本心を開発したとき、その人はキリストとなるのだ。皆さんが本心を開発したとき、世の中は救われるのだ。その為に、世界平和の祈りが生れたのです。

世界平和は必ず出来ます。

148

全託をしたといって、自分で全託したように思い違えている人がいます。ご都合のいい時だけまかせ、都合の悪い時はまかせない、というたぐいの人ですよ。ほんとうにまかせたら、「生命をくれ」といわれて、肉体を殺されたとしても、それでいいわけ。霊界に行ってまた働けばいいからね。

ところがそうじゃない。自分に都合のいい時はまかせたんだ。都合が悪くなると「こんなにまかせているのに、どうして神さまはこんなことをするのだろう」「こんなに信じているのに、どうしてこんなに苦労があるんだろ」と思っちゃう。

そこで、そういう想いも、業の消えてゆく姿で世界平和の祈りの中に入れてしまうことだ、と教えているんです。

149

長上の人に、この人間なら気軽に叱れると思われるような人は幸せだ。人間の中には、その人が間違っていることをしているのに、改めよ、と叱りにくい人がいる。そういう人は不幸である。

叱られやすい人というのは、叱られることによって、ますます自分が反省できるし、自分を進歩させることができるから、幸せだというのである。

150

人が或る人の欠点や悪口をいったら、その悪口話にのってはいけない。その欠点話に同調してはいけない。人には欠点もあると同時に長所もあるのだ。その時もなるべくその人の長所を見つけてあげよう。と同時に、悪口をいっている人と、いわれている人との天命の完うされることを祈ってあげよう。

151

人にはそれぞれ与えられた使命がある。その使命以外のことをやろうと、いくら力んでもだめだ。ただただ素直に、神のみ心の中にとけ入ってゆくことだ。わが天命を完うせしめたまえと。

152

自分をゆるすということは、自分の中の想念にも、人の中の想念にも把われない、ということである。摑んでいるものを放すことである。大きな宇宙の流れからみれば、そんなことは大したことではないのである。

把われない、摑んでいるものを放す、ということは消えてゆく姿に徹することである。

羯諦《ぎやてぃ》羯諦《ぎやてぃ》波羅《はら》羯諦《ぎやてぃ》 153 波羅《はら》僧《そう》羯諦《ぎやてぃ》菩提《ぼじ》薩婆訶《そわか》という般若心経の最後にある言葉は、現代語にわざわざ訳す必要はない。これは神界との約束の言葉で、敢えて訳せば、光り輝いた彼岸の地があるのだ、真理を明らかにせよ、さすればそれはあなたのものだ、ということになる。

154

恐れず、まどわず。

155

宗教家の中で、名前をきいただけで、これはすばらしい、と観じた人にまだ会ったことがないねえ。現在名前が世に知られている人よりも、今の世では無名の人の中に、そういうすばらしい人はかくれているのだろうね。

156

想いをためるな。サラサラと流せ。

157

自分の意見を通そうとするな。通らない場合、ついイライラと心が乱れてしまう。まず人の意見を受け入れるようになろう。受け入れれば受け入れるほど、その人は大きくなる。

一たん、人の意見を受け入れた上で、自分の意見を述べよ。しかし、述べる時、心臓がバクバクするようだったら、やめることだ。

158

私は偉い、と思っているだけ（表面で思おうと、潜在的に思おうと）その人はそれだけ低くおちている。本当の偉い人は、偉いとも偉くないとも思わず、サラサラとしているものだ。

159

心がはげしく動揺することは、暴飲暴食することより、肉体を痛める。気をつけよう。

160

世界平和の祈りをすることは、神々の人類救済のお働きに協力することである。

161

あいつはどうも油断がならない、と思われるような人間になるな。人が安心して自然に胸襟を開いていくような人間になれ。

162

守護の神霊の力が出るのには、素直な心、謙虚な心であることが一番いい。自分を目立たせようとする心はダメです。

163

神さまの思うことと自分の思うこととが一つであればねえ……ふつうはすぐ自分の利害損得や面子《メンツ》を考える。

164

神さまに喜ばれることが第一である。人に人気があろうがなかろうが、そんなことは問題ではない。

165

裸の心が一番いい。

ほめられたら素直に喜んで、それを伸ばしていけばいいし、叱られたり、けなされたりしたら、反省して、二度とそのようなことをしなければいいのだ。それをごまかそうとするから面倒になる。

166

利益を得よう、あるいは死後きれいな所へ行きたい、というのは初歩である。どんな目にあっても驚かない動じない心になることが大事である。そうしないとほんとうの菩薩行は出来ない。

167

裸の心になって、地獄へ行こうと、どこへ行こうと平気である、という心になることが大切だ。

168

私はいつも生命いきいきしたものを感じている。神霊たちが内に外にいて働いているのを感じている。

169

自己を空しくするとは、すべての自己の想念意識を不断に祈りの中に入れることである。自分自分と思っている自分は、想念の自分なのだから、その想念を祈りの中に消すこと、それが空になるということである。受け身から積極性に同時に変化出来るのが世界平和の祈りである。

170

私は体の工合が悪い時、神さまによくして下さい、と祈ったことはない。どんな苦しいつらい時があっても、一つの不平不満もない。神さま有難うございます——

それだけ。苦しい時こそ、つらい時こそ神さま有難うございますが湧いてくる。

171

消えてゆく姿というコトバを通して、現われてくる想い、現象に対して〝お前は消えてゆく姿なんだ〟と確認してあげると、再びそれは自分に帰ってこない。消えてゆく姿となる。

172

地位とか権力というものは、はかないものである。向うの世界（霊界）へいけばそんなものはゼロになる。問題にされるのはその魂である。裸の魂になっても立派であるということが最大の問題である。

173

グチャグチャ心をいつまでも悩ませる人は、ほんとうにいい人なんだろうか？

174
神のみ心のままに生きるということは、念力で生きるより強い。

175
まず恐れなくなるようにすることだ。生きるも死ぬるもこわくない、ということを目標にすることですね。それに愛深くあること。愛と勇気だね。

176
人はちょっといいことを左にきくと、すぐ左にむらがる。右がいいときくと、右に流れてゆく。それではいけない。人間は一つのことに肚をすえて生きることだ。そうすると現象に右顧左眄《べん》することなく、人の言葉に迷わなくなる。

177
何事にもあわててはいけない。勿論、生き死には神のみ心の中にあるんだから、あわてないことだ。あわてなければ次の瞬間、開けるものだ。

178
自分が天界へ行こうとするからいけない。すべて目の前のことは捨てて、神さまだけを思うことです。そうすると行くべき所にいけます。

179
いい人というのは、スカッとしていて、過去のことにダラダラとしていない人。自分の心をだまさない、人の心もだまさない人です。

180
人の善悪にいちいち把われて、コチョコチョ思っている人はいい人とはいえない。

181

なるものはなるようになる。結局は神さまのみ心の中に入り切りに入りきって、祈り一念になって、現われてくるものは、どんなことがあっても感謝して受ける、という生き方が一番いいのだ。

182

一見いい人そうに見え、おとなしそうに見えて、したいこともしない、やりたいと思うけれど出来ない、と悶々として自分を自分の想いでつつんでいる人は、その想いの重みで下に落ちてしまう。だから、人間は心がつねにサバサバとしていることが大切だ。

183

日常生活の中でふつうに働いて、ものごとに感謝して生きてゆく。その生活の根本として祈りをする。祈りを人にすすめるにしても、自分の仕事を放り出してするのではなく、仕事の余暇に、合間に祈りをひろめなさい。決して無理をしてはいけない。

184

人間の柄《がら》を大きく見せてくれるのは、あなたの守護霊さんである。人を信頼させる雰囲気をかもし出してくれるのもあなたの守護霊さんである。つねに守護霊さんと一つになっていることである。

185

人間は五尺何寸などという小さい体ではない。人間は肉体とは違った波動圏の体をもっている。それは幽体であり、霊体であり、神体である。無限に大きい体を持っているのである。しかしそれを多くの人は知らない。

守護霊さんに守られているのだ、と認識し、守護霊さんに常に感謝して想いを向けている程度に応じて、その人の波動圏は大きくなるのである。

186

正しいことを認識できる頭をいい頭という。学校の成績がよいだけでは、いい頭とはいえない。

187

仕事が忙しい人ほど、一日に一遍坐ることだ。そして自分をよく見つめることだ。守護霊に守られて生きている自分を認識することである。

188

絶体絶命の時、オロオロせず、そこから逃げようともがくな。受けるべきものは受けようと肚をすえよ。そこが人間進化向上するポイントの時だ。

189

過去世の徳というものはいつか消える。消えることのない己れの魂の光をつよめよ。

190

私が一番皆さんに深く知ってもらいたいことは――

人間は神の光の一筋である、ということ。

だから個人ひとりで存在するものではなく個人の形をとっているが、実は神様のみ心をこの地球界に現わすためにみな生れているのである、ということ。

その一筋の光を支えて、完全にさせようとして守護霊守護神が光明体で取囲み、守り応援している、ということ。

191

病気が治って有難い、商売がうまくいって有難い。これはこの世的にまことに結構なことだ。しかし、もっともっと有難いことは、いかなることにあっても、心が動揺せず、これで私はますます浄まってゆく、私の本当の姿が現われてくるんだ、あゝありがとうございます、というように感謝出来る人間になることである。

192

守護霊守護神さんが自分を専属的に守ってくれているのだ、ありがとうございます、という感謝の心とその守りを固く信じている心があれば、どんな苦境にたたされても、そこを必ず打開することが出来る。

193

どんなことが現われても、どんな環境に入っても、みんな過去世の因縁が消えてゆくんだ、神さま有難うございます、と終始することが、運命をかえる一番いい方法である。

194

調子のいい時こそ慎重に。

195

悟りというのはむずかしいものじゃない。よけいなことを思わなきゃいいんだ。

196

どんなに疲れていても、不機嫌になるということは、私にはまずないね。自分が疲れていることと、相手とはなんの関係もないことだからね。君はそんなことはしないかな？

自分が疲れていようが、具合が悪かろうが、相手の心を痛めるようなことをしては、およそ神さまの愛にもとるね。愛というのは、自分がどうあろうと、人のことばかり思ってしまうことなのですよ。

機嫌がいい時とか、自分が好きな人を愛するということは、これは当然のことです。自分のご都合で優しかったり、不機嫌であったりするのは、それはごく薄っぺらな感情。それは愛じゃない。

197

怪我をする因縁がなければ怪我をしない、という。これはたしかに真理である。しかし肉体の頭脳では、怪我をする因縁などあるかどうかわからない。だから子供なら、まわりの者が怪我をさせないような縁をつくってやることが必要だし、自分自身は気をつけることだ。

つまり何事も根本に、注意力と思いやりという心が必要なのである。

198
運命がどん底についている時は、ジタバタせず、ジーッと耐えていると、自然に浮き上ってゆく。

199
政治家は大犠牲者、大菩薩行をする人でなければならない。

200
言葉で説くことは誰にでもできる。説いたことを行いに現わすことが宗教なのである。その行いの中でいいことは、下座につくこと、つまり謙虚であることが一番いい。

201
自分がなくなるところから、宗教がはじめて始まる。自分がした善行為、愛行為にも把われてはいけない。失敗にも把われてはいけない。
自分への執着を一切去れ！

202

私より若い人は私より立派にならなければだめですよ。是非そうなってほしい。
そうならなければこの世界はよくなりません。

203

不幸や苦しみから逃れようとしてはいけない。逃れようとすればする程苦しみは増す。それよりその不幸苦しみの中に入ってしまう勇気が必要だ。さすれば不幸や苦しみはそのまま消えてゆくものである。

204

他力というのはおまかせすること。ふんわりと神さまの中に溶けてしまうことなのです。

205

調和するということは、当ての間違っていることをそのまま容認しておくことではない。誤ちを正さなければ、業《ごう》を光に照し出して消さなければ、真実に相手と調和することはできない。

206

霊的な人はとかく霊的でない人をバカにするような傾向がある。しかし、霊的でもなんでもない人でも立派な人はいくらでもいる。今更、霊的な自分と肉体的な自分とを分けなくとも、一つになって行いとして立派な行いをしている人がいる。

ただ霊の自分というものをハッキリ自覚して、日常生活の行いの中に現わしている人を、霊覚者というのである。

207

昔からいわれていることだけど、謙虚というのが一番いい。

208

富んでいる、貧しいは、お金の多寡ではなく、お金をいかによく生かして使うか、使わないかにある。

209

非凡になろうとするからいけない。
平凡に極まればいいのだ。

210

つねにたゆみなく平和の祈りの心の中に入っている人は、業から超越しているのである。

211 何事も、有難うございます、と思える人は幸せな人である。

212 私は体を全部霊界の都合にまかせてしまうような霊媒をつくりたいと絶対思わない。また会員の人々をそういう霊媒には絶対させない。

そういう能力、体（器《うつわ》）を持った人があっても、私はそれを消すようにしている。消すといっても只消すのではなく、その霊能力、体（器）というものを、その人自身の才能、或いは直感力、判断力――つまり他の霊魂に己れの体を明け渡して、その霊魂のままに動かされるということではない――というものに変えることにしている。

そのほうがその人自身を幸福にするし、人類のためにもなる。

人として、一般社会の人々とつきあいの出来ぬようなタイプの人間を、私は好まない。

213

肉体は過去の影にすぎない。現象に現われてきたものは、すべて〝済んでしまったもの〟なのである。

214

本ものというのは、文章や言葉ではない。その人自身が問題なのである。

215

何事も予言にむすびつけて解釈する人がいるが、予言など私にいわせればどうでもよいことだ。悪い予言ならば人を恐怖させるし、善い予言にしても、現実の生活に足をつけなくさせる。だから、今をいかに一生懸命生きるか、現在の自分をいかに生かすか、よくするか、これが一番大切なことだ。

216

本当のご利益が与えられる時は、目先は悪いように見えることがあるけれども、結果において必ずよくなるものである。このことを信じて、感謝して時機を待つ者は賢者である。

217

男は若いうちに苦労しておくものだ。

218

想いの乱れやすい人ほど統一を一生懸命やりなさい。

219

私の教えに神示と特別に区分けするものはありません。私のふだん教えているもの、それがすべて神から与えられ、示されている教えなのです。神示と教えとが別のものではなく、一つなのですよ。

220

私の教えは外から神示として教わるものではない。内から噴水のように湧きあがり、ふき上ってくるものなのである。私の生命のひびき、直霊、本心のひびきなのである。だから、消えてゆく姿で世界平和の祈り、というかんたんな教えでも、人々は心打たれるのであろう。

221

まず恐怖心を取りのぞけ。
恐怖心がもろもろの災《わざわい》の因《いん》となる。恐怖心を取りのぞくには、神さまがいつも守っていて下さるのだ、神さまと一つなのである、という信仰と、神さまの中につねにつねに入る祈りをすることである。

222

神の生命の中にいるのだから、前途を明るく楽観せよ。

223

愛を行ずる姿、それが神の子人間の姿である。そうなるためには、いつもみんなが幸せでありますように、世界人類が平和でありますように、と祈りつづけることである。その祈り心が行為に現われればすばらしい。

みんなの幸せを祈りつづける姿はそのまま未来の理想の人間像である。

224

人間には現れの自分と現わす自分とがある。すべて消えてゆく姿として、現れの自分を離して見ている自分にならなければいけない。

225

私はネ、皆さんが歩いていても、寝ていても、茶碗を洗っていても、ご飯をたいていても、お香こをきざんでいても、世界人類が平和でありますように、ということろが出てくることを願っているのです。

お祈りといいますと、ただ座ってやらなきゃいけないものと思うのは間違いです。ひまがある時は、ちゃんと座って祈り統一することはいいけれど、ひまがない時には、自分の仕事をしながらお祈りしていればいいのですよ。日常茶飯事、二十四時間プラスアルファお祈りができるわけです。

226

人間は自分の利害関係に敏感である。そこから不平不満が生れる。不平不満をなくすのは祈りより他にない。

もし会社の中に、会社の経営方針、やり方について不平不満があるものがいたならば、その者をいつまでも会社においてはいけない。会社の調和を乱すからである。

227

私はお互いの心がハッキリとわかり合えるのが不思議でもなんでもなく、当り前であると思う。未来の新しい世界というのはそのような世界である。

228

体は病むことがあっても、心まで病気になってはいけない。

229

運勢は時には衰え、時に上昇する。しかし信仰が深くなり、つねに守護霊守護神とつながっていると、その人は運勢をこえて運勢に支配されなくなる。

230

統一している時、雑念が出てきて、雑念に流されそうになったら、ゆっくりと、〝せーかーいー……〟と世界平和の祈りを順序だてて祈りなさい。

231

お祈りをしているのは肉体の自分ばかりではない。霊体の自分、神体の自分も祈っているのである。肉体の自分が霊体の自分、神体の自分とピタリと一つになると、真の知恵や力がわいてくるのである。

232

人の幸せ、自分の向上、社会国家とかの平和を少しも考えず、ただ自分の楽しみだけのレジャーにふけっていると、自分はおろか、国をも滅ぼしてしまう。

233
無心ということは、あらゆる面に通ずることである。

234
まず何よりもあなた方の守護霊様とピタリと一つになることである。あなたの肉体がしているのではない、守護霊がすべてなさしめて下さるのである、と想いこむ練習をする必要がある。

235
神は無限の進歩であり、向上である。その神のみ心が現われてくる課程が、人間の進歩ということになる。

236
人間に純粋なところがなければいけない。いかなる組織の中においても、純粋なるものを持っている人は伸びる。

237

肉体人間というものはわずかな年限。しかし本当の人間は永遠の生命なのです。肉体の人間なんか一生苦労したって、たいしたことはありません。苦労があればあるほど、魂が磨かれるのです。永遠の生命のことを考えれば、そんなものはほんの一瞬です。

悪いこと、悪い想いはすべて消えてゆく姿だと思い、つねに世界平和の祈りをしていれば、必ず世界人類もあなたも平和になるのです。

238

自分を責めさばいている人は、ほんとうに善い人とはいえない。

239

自分の感情で人を叱るな。心臓をドキドキさせずに、人を叱れるようになれ。

240

祈りとは自分の本体が開くことである。神と一体になることである。

241

自分の事業といえど事業は自分だけのものではない。日本のものであり、世界のものである。

242

人生、目の前の損得だけにとらわれてはいけない。そこに損をしたがために、後になって大変よかった、ということを経験したことがあるだろう。損をすれば損をしたでいいのである。これからよくなるのだ、これで悪いことは帳消しになったのだ、と善いほうに良いほうに解釈することである。未来は必ず開ける。

243

人間には各自の波動圏がある。空間的には離れている人でも、縁が深い人がある。これは肉体智ではわからない。そこで守護霊の存在を認め、守護霊に感謝していると、守護霊が必要な時、必要な人につなげてくれる。各自の波動圏をひろげてくれるのは、各自の守護霊である。

244

神に素直になれ。素直な心になれば、過去世で修行してきたものが現われてくる。

245

あまり自分を卑下してはいけない。中身はすばらしい自分なのだ。

246
〝世界人類が平和でありますように〟という一言を心の中で思い浮べた時には、その人は神さまとつながっている。

247
われわれの役目はまず業を浄めることです。人間の心を浄めてからでなくては何も出来ない。

248
息を吸うのも神さまがさせて下さっている。足を動かすのも神さまが動かして下さっている。神さまが、この世にもう用がない、と思われれば、今日は健康であっても、明日天に召されることがある。
自分が生きているのではない。神さまに生かされているのだ。

249

ウラからみても、表からみても、どこからみても、浄まった人間になろう。てらいや見せかけはやめよう。

250

作為的に愛深い人間になるのではなく、裸の心になっても、いい人間であろう。

251

人生一度は苦しみを通らなければならない時がある。それがたとえマイナス面を消すためのものであろうと、祈りある者には、それが大きなプラスに変化してゆくのである。

252

指一本痛むのさえ魂の浄まりである。いかなる苦しみも苦しむことで魂は浄まってゆくのである。

253
出来る限りのことを一生懸命やって、失敗したとしても、それは神のみ心と受けとり、成功したとしても、それは神のみ心と感謝できる人は幸せな人である。

254
呼吸していると同じように「神さまありがとうございます」と思いつづけること。

255
祈りのない人生は無に等しい。

256
自分の悪い面はすべて消え去ってゆくものと想い、みずからの神性、光明心のみをみつめよ。

257
一番の罪悪は人のこころを乱すことである。

258
肉体人間は救われないものだ、と徹底して思えた時、人間は初めて救われる。

259
肉体人間の生涯は、それが苦しみの連続であれ、楽しみの連続であれ、宇宙からみれば一瞬である。

260
神（仏）からはなれた自分があるだけ、本ものから遠ざかる。
臆病なら臆病でいいのだ。そうはっきり見つめて、裸の自分を出していれば、小さいながら本ものなのである。

261
言葉よりその人の行為に宗教はある。

262
いいことをするのでも、自分のソロバン勘定をはじいてするのでは、自分の徳にはならない。自分の損得を考えないでしてこそ、自分の徳分となるのである。

263
素直さと正直さという私の持って生れた性質に、私は深く感謝している。

264
人類や国が亡びるのも栄えるのも、みんな肉体の人間がするんじゃないんだ、みんな神さまのみ心にあるんだ、どうぞ神さまのみ心が自分たちに現われますように、どうか神さまと一つになりますように、世界人類が平和でありますように、とすべての肉体人間の想いというものを、世界平和の祈りの中にぶちこんでしまうことです。

265

人間はつねに神さまの中に心を入れて、絶対に心を動かしてはいけない。そうなるように、たえず心がけることである。心を動かさなければ痛みは痛みだけ、苦しみは苦しみだけ、それだけで終る。

266

つねにつねに祈りをつみ重ねておくことです。

267

瞬々、間断なく私は体中で祈っている。揺れ動く想いなどというものは一つもない。ただあるのは、人々の幸せを願う愛のみである。

268

祈りをますます深めてほしい。もう祈りよりない、ということをつくづく感じる。肉体は神の器であるという自覚、神との一体感を深めることが必要である。

269

今、あなたが苦境に立たされたら、あるいは大病していたら、大きい仕事をする前の波動調整だ、と思うことです。

270

潜在意識の底の底まで、ズーッと一本〝素直〟というのが通っていなければだめだ。どうしても途中で我が邪魔する。途中の邪魔がなければみんな覚者になれるんだよ。

271
愛うすく冷酷ということであるより、愛情過多のほうがまだよい。

272
私がもっといやな人は、愛を説きながら愛にうすい人だ。

273
言葉ではなく行いだよ。

274
与えられている生命を充分に生かすこと、これが人間の生きる目的である。五尺何寸の生命を、大きな大きな生命体に投入して生かすことだ。

275
結婚生活とはつくしあう生活である。

276

自己をきびしくかえりみて、神さまの前に立っても恥ずかしいところがない、という人はほとんどないだろう。そこで恥ずかしいところは守護霊、守護神にかんべんしてもらって、ひたすら守護霊守護神に感謝してゆくといい。

親鸞は肉体は罪悪深重の凡夫なり、とハッキリ見きわめられて、安心して念仏一念になれたんです。

277

病気と寿命とは違う。人間は病気で死ぬのではなく、寿命で死ぬのである。

278

人間は表面に現われた言葉や行いで計れるものではない。守護霊、守護神さんが嫌なものをワザワザ出しているかもしれないのである。だから人はつねにスーッと澄んだ、上べのものにとらわれぬ真実の目を養うことが必要である。

279

愛して愛して愛しぬこう。どんなものをも受け入れる大きな大きな心を持とう。

280

人間生きるも死ぬるも神のみ心のままであるが、親が子供のことを心配するのは当りまえのことである。そのことで信仰が足りないなどといって責める気など私には毛頭ない。かえって親のその心に同情して涙する。そして改めて、私はその人と共に祈るのである。

281

まず同悲同喜せよ。すべては消えてゆく姿なんですよ、という言葉はそのあとで出てきて、自他を救うのである。

282 私は子供のことを心配するな、とはいわない。心配するのがあたりまえ。私にも子供がいたら心配しますよ。心配することによって、子供も立派に育ててゆくことができるのだし、育ってゆくのです。

283 表面上のおきれいごとでは、この世の人は救われませんね。たとえば宗教家の死刑廃止論というもの、あんなきれいな心になったものを、死刑にしてはかわいそうだという。真理からみれば死刑にしないほうがかえってかわいそうなのです。自分の犯した罪を死刑で払ったほうが、死刑を受けるということで罪業が消えますから、あちらの世界へ行って、そんなに苦しまなくてすむのです。死刑を受けないで赦されたら、また悪いことをするかもしれない。悪いことをしないまでも、心の中はいつまで犯かした罪業感が晴れやしません。魂の奥は納得していません。だから幽界へ行ってさんざん罪滅しをしなければならない。浄まるために苦業をさせられたりする。

現在の人間の段階においては、死刑はあったほうがいい。ただ本当に殺人したことがわかった場合である。誤審はさけなければいけない。それがわからない宗教者は、まだ浅薄なる宗教論、人間論に把われているんじゃないかナ。

284

私にとって、現在のすべてのことは遠い遠い昔にすんでしまったことのように思える。

285

会のみなさんは教えをうまくしゃべれなくともいい。その人がいるだけで暖かく、心安らかになる、明るくなるという人になってほしい。

286

〝自然法爾〟と書いた絵皿を前にして、五井先生はおっしゃった。
「この自然法爾の心になればねえ……おれが偉いとか、おれの地位とか、おれのものだとか、いっているのがおかしいよ」

287

悟るということは、もっとも人間らしい人間になることだ。つまり、素朴に感謝し、素朴によろこび、そして素朴に悲しむ。己れをてらわず、偽らず、素朴に生きることである。

288

ほめられても素直にうれしがらない人がいる。生悟りの人だと思う。

ほめられれば嬉しい。これはこの世のならいである。ほめられた時素直によろこび、けなされたり罵倒された時、心が一つも動揺しない、という人になってもらいたいものだ。

289

心の中でよいことはよいと、わかっていることでも、業想念が邪魔して表面の行為に出させないでいる場合があるわけです。それでやっちゃいけないな、想っちゃいけないな、と思ったりしながらやってしまう。そしてその後にそんな自分にじれて、嫌になって、だめな自分だ、いやな自分だ、と自分を責めてしまうんだけれど、いやな自分、だめな自分は消えてゆく姿なんだ、現われて消えてゆくんだ、これで本当の自分が出てくるんだと思えるから、うちの教えは有難い。

一〇八

290
人間というと、この固った肉体を考えるけれどそうではない。永遠の生命の一筋がこの肉体の姿に現われているにすぎない。永遠の生命が或る時は肉体界に現われて肉体となり、霊界に現われては霊体となり、或る時は神界に還って本心を輝かすのである。人間とは永遠の生命の一つの流れであり、肉体はその顕現の一つの場所であり、器なのである。

291
調和して、美しく清らかな、波立たない心がほんとうの自分である。
もし自分が正しいことをしているとしても、憎しみの想いが出たり、心が波立ったりしたら、それは真の自分の姿ではなく、業の消えてゆく姿であるから、正しい正しくないの批評は神さまにおまかせして、その時は心素直に反省し祈ることである。

292

好きとか嫌いとかいう気持は、本心でいう場合もあるけれど、ほとんど業想念でいう場合が多い。つねに守護霊守護神に感謝して、お願いしていれば、良い結婚に恵まれる。

293

その会社の運命は社長の運命が九〇％影響する。社長の運命がよければ、その会社もどんどん伸びる。では社長の運命が悪いときはどうすればよいか。重役とか部課長に必ず運が上昇している人がいるから、そういう人たちの意見をとり入れて、社の進路をきめていけばよい。

社長というものは、そういうように人を見る目を養うことも必要である。

294

或る代議士に奥さんを通じて忠告された言葉――

「総理大臣になるのは、人がするのではない。天がさせるのである。初めからそうなるんだ、ときめて進むことである。決めておかないと、右顧左眄《べん》し、おべんちゃらもいうことになる。天がさせるのである、と誠をつらぬくことだ」

295

この世に神の国を実現させるには、神の使いよい肉体がとても大切だ。その肉体なくしては地上天国は創れない。

というと、昔の人はちょっとおかしいと思うかも知れない。昔の人が肉体をいじめるような修業、寒中でも滝に当ったり、また断食したり、夜もねないで坐禅したり、あらゆる難行苦行をしたのは、肉体の中に煩悩が巣食い、業がしみついていると思ったからであろう。しかし肉体と煩悩カルマとは違うものなのである。カルマは肉体の中にあるものでもなく、しみついているものでもない。

微妙なる神の分霊が、粗い物質界にその姿を現わすために生じた隙間なのであり、ズレなのである。そしてそれは太陽の前を通りすぎてゆく雲のようなものなのである。

そこですべての現れは、消えてゆく姿なんだ、という教えが生きてくる。消えてゆく姿で世界平和の祈り、とズレを世界平和の祈りの大光明の中に投げこんでいけば、この肉体が神のみ心がそのまま流れる、神の使いよい器になるのである。

296

母親は子供が大きくなって一人前になったら、自分の老後のためにお金をためなさい。お金がないお年寄りほどあわれなものはない。お金を溜めておけば、おばあさんになっても金銭面で面倒をかけず、かえって孫たちにお小遣いをあげられるようになる。肉体人間なんて凡夫だ。お金をたくさん持っているおばあさんは、孫でも大事にするものだ。馬鹿にしたりしない。それとも現象の喜怒哀楽を超越できるようになれれば、お金のことなどどうでもよいんだがネ、中途半端の心なら、やはりお金を大事にしなければね。

子供のために苦労して、大学まで卒業させたけれど、母親がその子を思うほど、子供は母親を思わないものだ。肉体人間なんてあさましいものだよ。それでお嫁さんでも迎えてごらん、母親が邪魔にさえ思えてくる。そういう相談を私はよくうける。だからお母さんに、とくに親一人子一人の未亡人などに、子供が一人前になったら、子供は子供でやっていけるのだから、今度はあなた自身のためにお金をためなさい、と私はすすめることにしているんだよ。

297

世界平和の祈りは個人のあなたが祈っているのではなく、あなたの本体、守護の神霊が祈っているのである。

298

人間だから憎しみ合うのが当然だ、人間だから妬むのは当り前だ、というけれど、私にはそれは許されない。私は、人間だからこそ愛し合わなければいけない、人間だからこそゆるし合い、妬みや憎しみなどの想いがあってはならない、と思っている。

299

肉体にまつわる過去世からの想いが少しでもあると、本心は完全に現われない。ほんとうの悟りに到達できない。しかし、この世において、想いが全部なくなるということは至難のわざである。だから、想い（自我）が少なければ少ないほど、その人は上等の人といえよう。

300

自分がしていると思うより、守護霊守護神がして下さっていると思うこと。いいことをした時は、やらせていただいたと感謝し、悪いことを思った時、した時は消えてゆく姿と想い、自分をせめないことである。

これをつづけていると、本心開発がすみやかになされる。

301

天なる神なる自分が肉体の自分を動かしているのだ、つねに神さまがやっていて下さる、と想いつづけていると、自然と勇気がわいてくる。

302

いかなる修行にもまして大事なことは、守護霊守護神に素直になるということである。日常生活のなりわいをそのままなしつつ、守護霊守護神に感謝して生きていくことである。

303

人のためになる生き方というのは——
人の心を明るくすること、
人の心を喜ばせること、です。

304

男は肚が大きくなければいけない。人から悪くいわれたら、それは自分の不徳のいたすところと思って、なんでも自分で引受けるつもりでいることだ。

305
全能力をあげて仕事にあたれ、事の成否は神の手中にある。

306
霊能力がついて来た人にいわれたお言葉。
「己の心をふりかえって、たとえ間違いがなく、自分は真理の言葉をしゃべっているると思っても、一度は抑えて、自分の言葉として話すことである。そうしないと和を乱すことがある。
心すべきことは、
一、和を乱さぬこと
一、相手を痛めぬこと
一、自分の言葉として消化して、やわらかくいうこと

一、謙虚になること

このように、自分を充分訓練しなければいけない」

307

地位も財産も自分には関係ない。いかに愛にみちて、さわやかに生きるか。明るい気持で生きられるか。それが問題なのだ。

308

人間は自分の心で自分を満足させなければいけない。自分以外にばかり心をむけていると、悲しまなければならないことが多いからね。

309

人間というのは心の持ち方次第でどうにもなるものだ。

いかに幸福そうな環境に住んでいようと、その人が幸福だと思っていなければ、幸福じゃない。その反対に、貧乏の中にあっても、その人の心が幸せでみちていれば、その人は幸せなんだ。

私など、どんな苦しみに会おうと、みんな楽しみにかえてしまう。どこにいこうと、私にとってはそこは天国さ。私にとって、不幸とか苦しみなんていうのはないんだ。

310

人の悪口をいうということは、自分を強く見せたい、自分をよく見せたいからである。羨望の想いが悪口となる。

311

いいことばかり追い求めていてはいけない。その場その時置かれたところで、一生懸命生きる、ということが神のみ心に一番かなった生き方である。

312
苦しいこと、痛いこと、つらいことが激しければ激しいほど、それだけ業が消えて浄まっているのです。

313
全託した状態というのは、目の前にどんな悪いことが出てきても、たとえばお前の首を斬っちゃうぞ、と殺されようとしても、ハイそうですか、有難うございます、といえる状態です。

314
「ネンネコ伴天で赤ん坊をおぶっているお母さんをみると、愛《いとお》しくなるよ」

315
「詩人は人の感じないことまで感じられるし、観察するから、ひとつも退屈しな

いね」と或る時おっしゃった。また
「いい歌ができ、いい詩ができると、なんともいえず嬉しいものだよ。法説とか人が救われて有難い、というものとは違った喜びだね。一日中嬉しい。だからそういった喜びをみんなも持つといいと思うね」ともおっしゃった。

316
五井先生は人に会っている時、実に生き生きとなさっています。どうして？
「自分の天命は人に愛を与える役だからさ」とお答えになりました。

317
宗教者は言行一致を目ざして精進しているものであるが、なかなかむずかしいことである。ある時、五井先生はおっしゃった。
「言ったこと、書いたことを百パーセント実行できれば大したものだ。しかしこの肉体界に生きている場合、それは至難のわざである。だから私は八〇パーセント実行できれば上出来だと思う」

318

体にくさのようなものができて、かゆくてねむれないという人がいた。

「ねむれなくて困ります。どうしたものでしょう?」と先生におききしていた。

「自分の体だと思わないことです。ねむれない時は祈り、祈り祈りつづける。そしておかげで統一をたびたびさせてもらっているんだ、と思うことです」

319

或る人から「凡夫易行実践五ヶ条を教えて下さい」といってきた。五井先生は次のように五ヶ条をおあげになった。

一、肉体の自分では何事もなし得ないのだ、と徹底的に知ること。(これがほんと

うにわかったら悟ったと同じだがね、と先生はおっしゃった）

二、なんて自分はだめなんだろう、と思ったら、すぐそれは過去世の因縁の消えてゆく姿と思い、世界平和を祈ること。

三、たゆみなくつねに祈ること。

四、何事も自分がやるのではなく、神さまがやって下さるのだと思うこと。

五、朝起きたら祈り、夜ねる前、少し時間をかけて祈れ、そうすると自然に臍下丹田に息がおさまる。

320

霊障に苦しむご婦人への五井先生のご返事に、

「霊障をのりきるためには、み仏の中に専心入りきることです。それが出来にくかったら、私の名をよんで下さい。私がみ仏のみ心の中に入るお手伝いをします」

とあった。

321
五井先生がつねにまわりの者におっしゃることは、

「和顔愛語」

「人間はすべて兄弟姉妹。みな平等なのである。絶対に人を下眼にみたり、馬鹿にしてはいけない。そんな態度は、それだけで宗教精神にはずれている。その人の外観によってのみその人を判断するのは、愚の骨頂である」

「金銭に清らかであれ」

322
一つの奥、極意に徹するとすべてのことがわかる、と若い頃本で読んで、どういうことか、と思っていたが、こうなってみて、その通りだと思うよ。文学でも音楽でも、書道でも絵画でも、あるいは哲学でも科学でも、その奥を知っているから、すべてがわかってくるんだよ。
音楽の場合など、たとえばチャイコフスキーという名前をきいただけで、ああなんていいんだろう、とその人の音楽、ひびきがわかる。演奏会に行かなくとも聴けるんですよ。要するに、その人の音楽として流れてくる源の世界のひびきがわかるのです。そういうもんです。

323

先生の一番してもらいたくないことは？

「私が一番いやなことは、押しつけがましいということです。教えでも、向うがききたくないのに無理無理きかせようとする態度は、あまりいいとはいえません。
それから、自分を一段高みにおいて、お前に教えてやるんだ、という態度。私は悟っているけれど、お前さんはかわいそうに悟っていないから教えてやるんだ、という態度。これは一番いけないと思います」

それでは先生が私たちにしてほしいことは？

「まず第一に、世界中に世界平和の祈りをひろめてもらいたいですね。

それにはまず自分自身が平和な心の持ち主になることです。平和な心の持ち主になるために、消えてゆく姿という教えがあるのです。

それにあらゆるものに執われがなくなるということです。自分の心の間違い、いやな習慣の想い、そういう想いを責める気持があります。その責める想いさえも消えてゆく姿。間違った想いも消えてゆく姿。ああ再びやるまい。ほんとうは人間は神の子で、完全円満なんだから、こんな悪い想いが出るわけがないのに、出てくる。それは過去世の因縁なんだから、過去世の因縁が早く消えますように、世界人類が平和でありますように、と祈る。そういう生き方に徹底してもらいたいですね」

324

「浄まった魂というのはどういうのでしょうか」ときいた人がいた。五井先生はこうお答えになった。

「はたから見れば明るく無邪気で、自然に人のためにいいことができるような人。自分側からみるならば、いつもスッキリとしている、把われがないという状態ですね。気取ったり、偉そうに見せかけるのは業がそれだけ出ていることです。一生懸命生きていればよい。人からなんといわれようと、あまり気にしないで、注意されたら、ああそうですか、ときけばいい。

丸山明宏だかがいいことをいっているね。

『本当の美人というのは、そばに別の美人がきて、人がいくらほめようと、ちっとも気にしない人。中美人というのは、たえず競争心をもっていて、他の人と自分をくらべ、他の人が美人といわれると張り合う』

それと同じように、本当に偉い人はスーッと澄んでいる。あいつより俺のほうが……とくらべているようでは、まだまだ本ものではないね」

325

「八方ふさがりでどうにもなりません」

と或る人が先生にいうと、即座に

「天があいているよ」と先生はおっしゃった。自分の左右と下ばかり見て、天まで目が向かなかった時で、その人はハッとした。

326

「肉体の症状に現われたり、想いに出たりした時は、もうそれは病気が治っている時であり、業想念が消えてしまった時なのです。それを間違えて、雑念が出て来たり、業想念が出ているると、自分はだめだな、と思うけれどそうじゃない。もう消えてしまって、本心はその時光り輝いているのですよ」

「ということは先生、現われて来たことに心が動くか動かないかに差がある、ということでしょうか？」

「そういう問題とは違うね。人間には肉体の他に、大別すると神体、霊体、幽体という体がある。神体、霊体は光り輝いているけれど、幽体にたまっている汚れが、肉体界に完全なる現れの出るのを邪魔しているわけ。この幽体に汚れがあっても、肉体界に今現われていない場合がある。そういう時は、肉体界のほうはなんでもなく感ずる。スッキリしているような気がしているわけですネ。

一方、肉体は苦しみ悩んでいるけれど、幽体の中に汚れが何もない場合もある。

幽体にはなくなったけれど、肉体の頭の中には、想いとして残っているのです。そうすると自分はだめだなと思う。ところが、幽体にはもうその根はないのだから、後続部隊がないのだから、消えてしまっている、もうすでに過去のことですんでしまったこと、悪くなりようがない、というわけですよ。それを私はアッサリと現われて来たものはすべて消えてゆく姿、これからよくなるのだ、と説いているんです」

327

五井先生ご指導の一駒――

青年がきてまじめに問うた。

「先生、人生とはなんでしょうか？　生きるということはどういうことでしょうか？」

「今、あなたにいうことは、頭でそう深刻がって考えるよりも、まず自分の肌で

一三〇

人生とは何かを感じ、生きるということはどういう価値があるか感じとることです。体ごとぶつかることをすすめたい。くわしい話は講演会でしましょう」
と答えられた。そのあとで
「私が青年の頃は、頭でいろいろと考えるより肌でじかに人生を感じたものですよ。少年の頃から人の家で奉公してたり、独立して商売をしながら勉強していましたからね。悠長に考えるひまがなかった。それに、知識欲を満足させるということだけでは、私は満足できなかったのでね……」とはたの者にもらされていた。

ある人がこう質問した。

「私は心の底からジーンと世界平和の祈りが祈れないのです」

「今に、本心から祈っているんだ、と自覚できる時がきますよ。人によってみなそれぞれ違うのですよ。あの人にできたから、あなたにもすぐそれができるとは限らないし、あなたにはなんでもなくやれることが、他の人にはむずかしくてやれないということもあります。だからあなたはこう思いなさい。

たとえば百万円を一ぺんに貯金をして、そのあと何も積まない人もあるし、毎日毎日、少額づつ貯金している人もある。あなたは毎日毎日少額づつ貯金をしている人で、何年かたってああ私はこれだけたまったのか、とわかるように、時がくると、ああそうだったのか、世界平和の祈りはわが心のなかで鳴りひびいていたのか、とわかります。それまで、あなたはうまず弛ゆまずお祈りをしつづけることです」とお答えになっていた。

329

「一つの偶像、一つの教えというものがあっては自由自在になれない」とある時おっしゃった。

「その場合、偶像とはどういうことですか?」

「偶像とは自分の化作《けさ》したもの。自分の想いでこうだと決めてしまったもので、天に通じたものではない、ということですよ」

「こちら側が誠の心をもち、真実の祈り心をもって信じ、拝んだ場合、仏像なり神社は偶像ではないわけですね」

「そうです。要はこちら側の信仰によるのです。汝の信仰が汝を救うのですよ」

330

「こうやると透明になって、ズーッとひろがってゆくんだよ」とある日、自動車の中でおっしゃった。こうやるということは、言葉に現わせば、ちょっと統一すれば、というところだろうか。あらためて心を内にむければともいえるだろうか……

「その状態を言葉で説明しようと思うんだけれど、説明されてわかるかな」とおっしゃる。

「いやわかりません。体験してみないとわからないことです」

「うん、そう思って、いつも話の途中で言葉の説明を止めてしまうんだよ」

「しかしそうなりたいですねえ」

「そうなるかどうか、それは素質によるんだけれど、それを目指して修行することだよ」

331

私はいつもどんな状態かというと、安楽椅子にどこにも力を入れず、ゆったりと腰かけている状態だ。

332
五井先生はよく「私は自分から神さまにいのちを投げ出した」とおっしゃる。

「いのちを投げ出すということはどういうことでしょうか？」とある日質問してみた。

「戦いの最中でしたらそれもわかるでしょうが、平時においては、どうすればよいでしょうか？」

「そんなにむずかしいことではないよ。どんなことがあらわれても、蹴っとばされても、ののしられても、神さまありがとうございます、と思えた時は、いのちを投げ出したことと同じなのです」

333
「政治家なども相手に肉体的に会わなくても、その人のことがわかるようにならなければ駄目だね」とある日嘆息まじりに先生がおっしゃった。

「言葉をつかわなくても相手の心のうちがわかる、となれば、相手国にだまされることはないし、自国を誤ちなく導いてゆくことができる。しかし、それには自我があってはいけない。自我を少なくして、というより、神さまの中に自分が入ってしまうことが必要なのだ。そうすると、そのおかれた立場、地位に必要な知恵や、神の知恵を感得する方法が授かるものだよ」

334

「人間ばかりでなく、あらゆる物事はそうだけれど、徐々に徐々によくなって、そしてふりかえってみて、あゝ私はよくなったなあ、と思うんじゃないのかね。悟った！　といって有頂天になっているのは一番危いね」

「禅では、悟ったあとの修業こそが一番大切なんだ、といっていますね」

朝の九時のお祈りの前に、編集室でこんなお話を先生とした。

「私はね、自分が悟った、なんて思った時はなかった。ただもう全感謝、ありがとうございます、という想いでいっぱいだった。どんな悪い環境が出てこようと、なぐられようと蹴とばされようと〝ありがとうございます〟それだけで今日になったね」

335

ある人がこう尋ねた。

「これからは、どんな人であっても徳を積まなければいけないと思うのです。先生は陰徳を積みなさい、とおっしゃっていますが、陰徳はこの世で現われますか」

「ええ、この世でも現われますよ。徳といっても、上徳、中徳、下徳といって三種類あると、老子もいっていますね。上徳の人というのは、徳を積んだなどと思わない、当り前と思っている。一番いい徳の積み方はこの上徳です」

336

或る日、男性の弟子たちが集った時、こうおっしゃった。

「あなた方は業と妥協してはいけない。このくらいはいいだろう、と自分に言訳けをしながら、妥協しているむきがあるが、そこをピシッと消えてゆく姿と観じなければいけない」

「先生、その私たちが妥協してはいけない業とは、どんなものでしょうか？」

「金銭欲と色欲」

「なるほど。それを超えることはむずかしいことですが、ついひきこまれてしまうものですね」

「そうした場合、あゝ業のヤツ来なすったな、と観じられるぐらいになることです。

このくらいはいいだろうと、ちょっとでも業に想いが傾くと、ズズッと入りこんでしまう。そのちょっとのところで、心を強くして、光明に転換することです」

337
五井先生が想念停止の修行中の話である。守護神団の指導のまゝに修行も進んだ或る日、ズーッと透き通って、天の本体と合体した。
「肉体に想いがないということは、肉体に自分がいないということだからね、だから自然に本体と合体しているわけだ」と先生はおっしゃった。

338
「私はいつ頃霊界へ行くのでしょう?」とたずねた人に、五井先生は答えられた。
「まだまだ先のこと。肉体界にいながら、すでにあなたは霊界の住者です。私がいいたいこと、知ってもらいたいことは、この肉の身を持ったまま、霊界につねに居住し、そして更に神界にその想いをつねにおく、神界の住者になってほしいということ。そしてその心でこの肉体の生活をしていってほしいということです」

339

或る地方の人から「自分の本体を自覚し、本体を出しきるにはどうしたらいいか、その簡単な方法を教えてほしい」と手紙でたずねてきた。五井先生におききした。

「そうだね、一番いい方法は、勿論いつも祈っていることが大切なのだけれど、特に、ねる前に祈ることだね。それも寝床に横になって、ねむりに入るまで祈ることですよ。世界人類が平和でありますように、守護霊さん守護神さん有難うございます、ってね。そうしてねむりに入ると救世の大光明がより潜在意識を浄めやすくなるから、この方法をつづけていると、いつの間にか、知らない間に自分の本体が自覚できて、本体のままに生活できるようになるよ。そうご返事してあげなさい」

340

「守護霊さんと一体である時はどういう状態の時でしょうか？」と質問したら、

「何があっても心が動かない時、ズーッと肚がすわった感じの時、守護霊さんと一体です。つまり不動心かな」と先生はお答えになった。

341

「もっとも生命をけがすものはなんでしょうか？」

「一つは自分の心を暗くすることですね。二つめは自分の生命を傷つけることです。自分の心を暗くすることは、人の心を暗くする。自分の生命を傷つけることは、結局人を傷つけることです」

342

「人間、苦労するとはばが出るよ」と五井先生がおっしゃった。或る青年が尋ねた。

「はばが大きくなるということは、どういうことですか？」

「第一に謙虚になる。人をゆるせるようになる。思いやり深くなる。ということで、心のはばが大きくなるということだよ。人間、若いうちは苦労は買ってでもすることだ、昔からいわれているよ」

343

若い女性が道場に来ました。己の信ずる信仰を、声高にとうとうとまくしたてていました。可愛い顔をした女性がそうしている姿はあまり美しく見えませんでした。けれど会の人たちは心優しい方々ですから、その女性の言葉をきいてあげていました。

「こういう時はどうしたら一番いいでしょう？」と先生におききすると、

「こういってあげるといいですよ」と教えて下さいました。

「あなたはそんなに可愛い顔をしているのに、あんまりまくしたてると、可愛いさがなくなりますよ。女性は優しいことが一番大事なのですよ。この世の中には、偉い人がたくさんいるんです。だからあなたの先生の恥にもなりますよ。人を説き伏せようとなさるのはお止めなさい。

相手を己の陣営に引き入れよう、屈伏させようとする時、すでにそこに対立が生じる。調和がなくなってしまいます。平和を説きながら平和を破っていることなんですよ。それがわかりませんか？」

344

根守さんご夫妻（二人とも音楽家）のお浄めを終えて、

「バッハの音楽の出てくる源の世界は、やっぱり音楽の最高の世界だね。ベートーベンはそのちょっと下、シューベルトはずっと人間に近いね」とおっしゃった。先生にはすべての世界がうつってくるのだ。私はこういうお話をきくのが好きなので、調子にのっていろいろ先生に質問した。

「バッハは音楽界の仏陀だ、とよく先生はおっしゃっていましたが、やはりそうですか」

「下とか上とかいったけれど、その人の人格の高い低いとかには関係ないんだよ。だけどバッハは人間的にも聖者だったね。楽聖という言葉があるけれど、その通りだね」

「先生、ハイドンやヘンデルはそのひびきの世界はどのへんですか？」

「バッハの世界の近所だよ」

「チャイコフスキーはどうなんですか？」

「チャイコフスキーときいただけでいい気持だね。いい人だね。良寛さんのようないい人だよ。私が好きだからそういうんじゃないけれど……

私は青年時代ベートーベンの音楽は好きだったけれど、ベートーベン自身は嫌だった。天才が嫌いだったんだよ。お客と話しているうちに急にフイッと立って、ついに帰って来なかった、というような常識をはずれた行為をするベートーベンがどうしても嫌だったね。けれど現在のようになって、私はベートーベンのそうした行為がよく理解出来た。

音楽家というのは、人間的に欠けるところがあっても、よい音楽、素晴しいひびきをこの世に伝えれば、それで役目がすむんだけれど、宗教者はそうはいかない。役目も完全に果し、と同時に、人間的にも完全であるようでなければいけないんだ。その意味はわかるだろう。だから常識をはずれず常識をこえていきなさい、と教えているんですよ」

345

こういうことがあったよ、とお話し下さった。

「『私の子供のピアノの発表会があるのですが……』

『じゃあね、こう教えてやって下さい。スタッカートをひく時、バラバラとひくのではなく、一音一音ていねいに最後まで指をつけてひくようにしなさい。そうするといい演奏ができますよ』

『ハア、先生、子供のピアノをおきき下さったことがございますのでしょうか』

『今、ききましたよ』

『ハア?……』

『私にはチャンとわかるのですよ』

『二人の教師についていますが、一人の先生は、五井先生のおっしゃる通りのことをいっておられます』

『じゃその先生のいう通りになさい』

といってあげたことがあったよ。最近音楽会にいかないけれど、プログラムをみせられると、その演奏家、あるいはオーケストラの音楽がきこえてくる。つねに出している平均点がわかるわけね。そして実際に行ってきくと、その人の最高がわかるわけだ。

音楽がきこえてくるというのではなく、きこえるというのではまだ未熟なのだね。その一瞬にスーッと全部がわかってしまうんだ。これはちょっと理解できないだろうけれど、その人の音楽がスーッとわかる。あゝいゝ音楽だな、とか、あゝうわさほどではないな、大したものではない、とかわかる。つまりその人の音楽が世界にひびいている、それをきくわけだね」

「その人の人格が流れているのでしょうか」

「いや人格と音楽とは違う。すばらしい演奏家、作曲家でも人格的にはへんぱな人がいるからね。流れている音楽のひびきというのは、その人の本質と音楽とが一つになったものなのだね。音楽家に限らず、誰でも自分の想いを世界にひびかせているわけですよ。それにヒョイと波をあわせれば、その人のすべてがわかってしまうわけだ」

先生のお話をおききしながら、あゝ私たちは明るい想い、清らかな想いをつねに出して、世界に流していなければいけないな、と思った。

346

「先生、人間、想いを消すということは大変なことですねえ」

「いや想いを消すことは簡単なことなのだよ。どうすればいいかというと、それは神さまだけをひたすら想うことだよ。そのこと一つだけを想いつづけることだ」

347

「大らかな、ゆったりとした人間になるにはどうしたらいいのでしょう?」

「全く神さまにまかせることです。全託することです。神さまのなさることは絶対に間違いないと信じ切ることです」

348

「世間では左翼だ、右翼だ、と色分けをすぐするけれど、うちのはなんだろうね?」

「…………」

「なかよくだよ」

「面白いネ」と先生はおっしゃって、私の顔をごらんになった。「ここに五井昌久という五尺二寸そこそこの人がいるでしょう。ところが私の本体はものすごく大きく、宇宙一杯にひろがっているんだ。けれど私はその本体を必要に応じて少しづつしか現わしていない。もしいつも本体のまま現わしていたら、みなさんとつきあっていけませんよ。

子供がくれば子供と一つになって遊び、老婆がくれば老婆のグチを親身になってきいてあげる。苦しんでいる人があれば同情して共に苦しみ、共に悩む。しかし苦しんだり、悩んだり、泣いたりしているからといって、私はそれに把われているわけではないから、本当に悩んだり苦しんだりしてはいないのです。といってお芝居をしているのではない。その時は本当に悩み苦しんでいるんだ。わかるかな……私はつねに光明の中にいて、そして相手と一体になっているんです。相手の欲望のまま、想いのままに動かされているのではなく、相手の欲望、想いを浄めているんです。そこのところは外形を見ただけではわからないかもしれないね。けれどそういうもんなんだよ……」

350

「先生は個人指導をしていらっしゃるそうですが、ご指導の言葉は相手の守護神さんのいうことをお聞きになって、その人にお伝えなさるのですか?」と或る人が尋ねた。

「相手の守護神さんがぜひその人に伝えてくれ、と頼むときはその人にいいますけれど、いちいちきいて指導しているのではありません。内よりわいてくる神のひびきを必要に応じて話しているのです。いちいちこの肉体の頭で考えているのではありません」

「統一していますと、高く高くのぼるというのは想いが先でしょうか?」

「そう、想いのほうがのぼります。それと体がズーッと宇宙一杯にひろがる時もありますよ」

「ひろがる時、自分の想いはどこにありますか?」

「ひろがるその中心におりますよ。……人間はまず想いを限りなくどんどん高めることです。高め高めていけば、神のみ心に到達します。そうすると、この肉体界にそのまま、さわりなく神のみ心を伝えることができるのですよ」

351

先生は大きいこと、イザという時には実に悠々とし、小さいことには凡夫のように事細かに気を使われる。その間の消息を先生は教えて下さったことがある。

「大きいことは神さまが絶対に悪いようにしないとわかっているし、間違ったことは自然にできないような体になっている。だから悠々としているのです。しかし、小さい細かいことは、こちら側にまかせられているから、事細かに心を配るのだよ」

352

「霊感というのはどういうことですか？」

「生まれつき備わっている人と修行して得た能力とあります。五感に感じられないことを感じとることができる一つの能力です」

「その修行というのは、頭の中や潜在意識などで、ゴチャゴチャ思わないという練習でしょうか？」

「頭の中でゴチャゴチャ想う、とか、想念を集中するというのではなく、そうした意識とは次元の違った、高次元の想いの中にこちらの想いを入れる練習をすることです。その方法が祈りなのですよ。祈り言をとなえることによって思慮分別、小智才覚の世界をぬけ出て、本心の中へ入るのです」

353

「先生、わたくし行《ぎょう》がしたいのです」

四十才がらみの婦人がいった。

「何故だね?」

「霊能を得たいからです」

「霊能を得たいために宗教に入るのならお止めなさい。私は本心開発をまず第一の仕事としているのですから、おかど違いだ」

「いえ、先生、私はヘンな霊能がほしいわけじゃないんです。先生のような立派な方について学べば、本当のものが得られると思って……」

「どんな理由にせよ、霊能がほしい、欲しいと思って行《ぎょう》をすることは止めなさい。霊能を得たいと欲するのは、自我欲望の変形です。まず本心を開発することです。神さまがあなたの本心開発に必要だと思われれば、霊能は授けられるだろうし、不必要と認められれば与えられないだろう。まず、自分の感情、人の感情に把われなくなることの訓練をすることです」

354

或る婦人がいた。彼女はいつも私が祈らなければ、とか、私の体を一度は通さなければ救えない、と思っているのであった。そのために想いがよってきて、自分自身大変苦しむのであった。それが長い間つづいている。

「自分が救おうと思わなくたっていいんだよ。自分が救わなければ、と意気張るから、想いのほうでハイソウデスカとよってくるのです。それで自分を痛めつけている。そのままでいいんですよ。自然でいいんです。神界との約束言で祈っていれば、神々が救って下さるんだな、有難うございます、とのんびりとしていればいいのです。救うのは自分じゃなくて神さまなのです」

　五井先生はこう批評しておられた。

355

　霊能的な人は、とかく自分の潜在意識をも霊示とか神示とかにしてしまうことが多い。そこで審神《さにわ》をすることが大変必要だということになる。

　或る日、五井先生におききしてみた。

「審神をするのに一番根本なことはなんでしょうか？」

「自分を完全になくすことだ」

と簡単にお答えになった。

「下座につくことだよ。カバン持ちでも、下足番でも真理のためならそれでいいから尽したい、という気持が大切だね」

自分をなくすための日常の行動は、そうした陰にかくれた謙虚な徳行にあるのであろう。神さまの教えを喋々としゃべっている人より、黙って人のために尽している人のほうが、余程尊いと思うのは間違いだろうか。

「世間には黙って人に尽している人がたくさんいるんじゃないかね。それでなおかつ、神さま有難うございます、と思っている人はなお偉いね」と五井先生はつけ加えられた。

356

或る人が先生のところに来て、

「どうしたら先生のように、なんでもわかる力を早く得られますか？　どうしたら霊能力がパッと開けますか？」

ときいていました。

「それには得たい得たいという欲望と、あせりを捨てなければだめです。そういうことより先に、あなたがまず浄まって立派になることです。日常生活において、愛と真の行いを現わしてゆくことです。世界平和の祈りを日常生活の中に行じてゆくことだけですよ。それ以外の特別なものはありません」

と先生は答えていらっしゃいました。

357

「肉体人間の想いなどというものは、しょうもないもんですなア」と或る時、村田正雄さんがしみじみといった。

「そうですよ、肉体人間は罪悪深重の凡夫なんです」

五井先生はうなづきながらいわれた。

「肉体の想い、痛いとか苦しいとかいうのは、修行によってなくすことが出来る。しかし、そのために人々の苦しみ痛みというものがわからなくなってしまうということがある。例えば病気をして苦しんでいる人、痛がっている人にも『なんだそのくらい』と全然同情がなくなってしまう。相手の立場になってあげることが出来ない。私の場合は、あゝかわいそうだな、とその人にすぐ同情してしまう。といって、その人の業の渦の中に巻きこまれることは絶対ない。業の渦のしんがりにぴったりついて、相手の渦の通り動きながら、その業を浄めているのです。その姿は業にふりまわされているように見える時があるかもしれない。しかし私は業の渦の中にまきこまれることはないのです。ちょっとでも渦にまきこまれたら、私は一瞬として生きていられませんよ」

一人一人の指導に、五井先生は本当に命をはっていらっしゃるわけだ。人を真実に指導することの、なんとむずかしいことよ。

358

「この頃お祈りしていますと体中が熱くなって来たりするのですが」と質問した人がいた。これに五井先生はこう答えられた。

「それは光がうんと強く入ったからで、心配ありません。もし祈っていて、変った現象が起ったら一ぺん止めてみるといいのですよ。それでまた祈ってみて、また変った現象が起ったら止めてみるといい。そのうちに心がおびえなくなったら、つづいてやったらいいでしょう。心がおびえた時は止めたほうがいいです。恐怖心が起ったらやめなさい」

359

「朝ねていますと、膝をつねって起きろ、というのですね。あれは神経が起すのですか」と或る人が質問した。

「あなたはまだそんなことに興味を持っているの。だからそんなことがあるんだけれど、そんなことは神さまじゃありません。神さまは特別にそんなことをしませんよ。神さまは自然法爾に現われるものです。会うべき人にはスーッと会わせ、為すべきことはスーッとなさしめる。これは神さまがさせるんじゃないか、と思われるような特別なことは神さまはしません」と五井先生はお答えになった。

360

「先生、緊張をほどくにはどうしたらいいでしょうか?」

「坐ることだよ、さもなかったら、息を吐くこと。フーッと長く吐くことだね」

「ふつう深呼吸しますが……」

「吸う息よりも吐く息に工夫すべきだね。息を吐く時、霊要素が入ってくるんですよ」

「統一実修の時、先生はどんな格好をしてもいい、自分の楽な姿勢でいい、とおっしゃっていますが、やはりちゃんと坐って姿勢はキチンとしたほうがいいのでしょうね？」

「そりゃキチンと坐ったほうが統一がよく出来るにきまっているよ」

「あぐらをかいてちゃ、統一は出来ませんね」

「あぐらをかくなら、結跏趺坐か半跏趺坐がいいね。けれど、それはあまりきびしく一律にはいえない」

「そうですね。足をけがした人など坐っていられませんね。それに姿勢は統一しているうちに、自然に背筋が伸びて、キチンとして来ますね」

「呼吸の仕方も、姿勢も言葉でどうこういわなくても、自然に正しいものになってくる。それがうちの統一会の特長だ。

坐らなければ統一が出来ない、というんじゃ困る。実際に役立たないからね。歩いていても、仕事をしていても、統一しているようにならなければいけないね。だから、坐るということだけに把われてもいけないんだよ」

361

「勇気がないんです。どうしたら勇気が出るでしょう」と質問した人がいた。

「あなたは本来勇気があるんです。ただそれを無いと思いこんでいるだけなのです。けれど、今そういったって思えないでしょうから、こういう方法で実行しなさい。

私は守護霊さんに守られているんだ、守護神さんに守られているんだ、その上、救世の大光明に参加しているたくさんの諸神諸聖霊に守られているんだ、私は神さまといつも一つなんだ――

こういつも想いなさい。そして守られ導かれていることに感謝していることです。

あるいはねる前、私に勇気をお与え下さい、とか、私には勇気がある、と思いなさい。

元来、自分は臆病だと思いこんでいる人にも、そうした神の守護の力を信ずる信仰によって、勇気が自然について来ます。

また、勇気は経験によって増します。思い切って実践してみることです。失敗してもそれは人生勉強と思って、実行することです。

たとえばリーフレット配りにしても、初めは恥ずかしくてしょうがなかったのが、二回三回とやっているうちに、平気になり、かえって配布することに限りない喜びを感ずるようになっているでしょう。それと同じですよ」

「小児麻痺とか精薄とかいう子供を持つのは、親の不調和のせいだ、という人がいますけれど……」と質問した人がいた。

「因果の法則からみれば、そうかもしれません。けれど、私はその親ごさんの因縁だとか、その親の責任だ、とはいいません。子供の魂が一段の飛躍を望むために、わざ〳〵そういう不自由な体をまとう場合もありますし、菩薩的魂が先祖の業を背負い、消滅させるためにそういう状態で生れている場合もありますからね。親がしょっちゅう調和しないで、喧嘩ばかりしている間に生れた子でも、善い子の出来る場合もありますでしょう。そういう形に現われたことで、私は親を責めたりはしませんよ」

と五井先生は答えられていた。

363

ある人が先生に質問した。

「私は学生時代、父が死んで、人にはいえないほどの苦労をしましたが、その苦労があったからこそ、今の自分があるのだと思います。あの苦労がなかったら、私はつまらないサラリーマンになったでしょうね」

「そうですよ、その苦労がなかったら、今日のあなたとは全く別のあなただったでしょう。苦労したことがよかったのですよ。苦労したような人でなければ、人の上に立てませんね」と先生はおっしゃった。

「昔、山中鹿之助が、月に向って、われに七難八苦を与えたまえ、と祈りましたが……」

と私が口をはさむと、

「そう祈ることは間違いだよ。本当に山中鹿之助がそういったかどうか、それはわからないよ。わざわざ苦難を来たらせたまえ、と祈ることは間違っている」

「本当にいったかどうかわかりませんが、その気魄というか、根性というのは見習うべきでしょうね」

「それは見習っていい。苦労することを恐れず、進んで苦労に取組んでゆくという気持になれば、苦難は来ませんよ。苦労しないですみますよ。けれどね、なんでもかんでも苦労しなければいけない、ということではないのです。わざ〳〵苦しんで生命エネルギーを消耗させることは愚かです。苦労するもしないも、みな背後の守護霊さんがその魂に必要と認めてのことなのです。だから、苦労がなければないで、有難うございます、と感謝し、苦労があればあるで、自分を鍛えるために神さまが与えて下さったものと、感謝して受ける、そういう素直な気持になることが必要なんだよ」

364

「人間には恐怖心というものがありますね。これを取り去ろうと努力するのですが、考え方によっては、この肉体界に生きて、肉体を維持している以上、この恐怖心が全然なくなってしまってはまずいのではないでしょうか」とおききしたら、

「そうだね、全然なければ人の心の動きがわからないだろうし、同情心というのがわからないね。幕末の騒乱期に何度も死の剣の下をくぐりぬけた勝海舟や山岡鉄舟でさえ、恐ろしいと思うといっているんだからね。しかし恐怖心があっても、そ

れをすぐ転換できたのだ。だから恐怖心があるからダメだということでなく、いかに早く、短かい時間で想いを転換できるか、ということが必要なのです。その修練の連続じゃないかな」と先生はお答えになった。

365

或る日こういう質問をした人がいた。

「先生、何故この世に迷いがあり、悪があり、苦しみがあるのでしょう。神が完全であれば、何故人間を迷わない、苦しまないように造らなかったのでしょう?」

この質問はよくされるものであるが、その時、五井先生は次のように答えられた。

「それは心の持ち方ですよ。登山者は山に登る苦しみをへて頂上にたどり着く。その喜びはそれは大変なものです。その場合、苦しみは悪いことだろうか? その人にとってただ単に苦しいことか? あるいは喜びであろうか? 楽しみであろうか？

　或る人がお酒を止めようと思ってもお酒を止めることが出来なかった。その人はついに病気になってしまった。それが動機となって信仰の道に入り、病気も治るし、お酒をのむなんてコリゴリだと思い、ピタリと止まり、清らかな生活に入っていった。

　この場合、この人にとって病気は悪いものでしょうか？　その人にとって善なるものでしょうか？　その人にとってよかったわけですね。よいからこそ守護霊さんがそう導いたわけです。

　赤ん坊が最初から大人のように大きかったら、育てる楽しみがなくなってしまいますね。赤ん坊がだんだん大きく生長して、完全になっていく、というところに人生の妙味があるのだし、よいところがあるのです」

366

「青年指導のキーポイントは？」という質問に、こう答えられた。

「①人間は肉体のみの存在ではなく、永遠の生命である。これに目覚めさせ、人間の真の価値を教えること。

②正義であろうとも調和が乱れたら正義ではないということ。

③愛、人を痛めない心をもつこと。

④指導者は本当に純粋であれ。

この四つでしょうね。そして青年指導をする場合には、指導一本にならなければいけないですよ」

367

青年が先生に質問した。

「すべてはきまっているのだ、努力することも決まっているのだ、という教えがありますが、そうだとしますと、私、大変さびしくなってしまうんです。天命を信じて人事を尽せ、という教えのほうがいいんですが……」

「それはネ、天命を信じて人事を尽す、というように思ったほうがいいんだよ」

と答えられた。

「青年は、すべて決っているんだ、なんて考えなくてもいいんです。人によって説き方が違ってくるから、あなた方は天命を信じて人事を尽しなさい。努力し精進しなければ進歩はないからね。努力精進のないところに、神のお導きはありません」

青年はそれで納得して先生の前を退がっていった。あとで先生は「人を見て法を説け、というけれど、その基本になるのは何かというと、思いやり愛の心なんだ。愛があればその人に一番適した言葉が出てくるのだよ」とおっしゃっていた。

「先生ちょっと質問があるのですが?」という青年の声に、食事に向おうとされていた先生は、快く引返えされ「なんだね、なんでもいいから質問してごらん」といわれた。

「友だちにリーフレットを見せたら、大変いいことだ、だけれど、神さまありがとうございます、がないともっといいと思う、というのです。この言葉をぬかしたリーフレットは作れないものでしょうか?」

「神さまありがとうございます、がいやだったら、大生命ありがとうございます、でもいいし、大自然の生命よ、ありがとうございます、でもいいよ。しかし、人間といわず万物は生きているというより、生かされているのだし、お互いに生かし合っているわけでしょ。世界人類の平和を祈り、幸福を願うという心は、生かされているもの、大生命、神さまに、また生かし合っているものに感謝する、という気持から本当にわいてくるんじゃないかな。そういう意味でもあることを、友だちに話してあげなさい」

369

ある青年が、先生にこんなことをいっていた。

「何かでっかいことをしたいのです。何をしたらいいでしょう?」

「あなたは学生でしょ。学校で語学なら語学をまずマスターすることです」

「いえ先生、そんな小さなことはつまらない、世界人類のためになるものをしたいのです」

肩ひじをはっていいつづける青年をニコニコと先生は見つめながら、

「語学なら語学をマスター出来たら、その才能を活用して、世界平和の祈りの真理を翻訳して、外国に知らせることが出来るでしょ。だからまず勉強することですよ。それが今のあなたにとって、一番大きいことですよ」

青年は不服そうな顔をしている。

「大きいことが出来る人というのは、小さいと見えること、つまらないと思えるようなことも、コツコツと一生懸命出来る人です。そういうことが出来て、はじめていわゆる大きい仕事が出来るのです。わかりますか？」

青年は、うなづいた。

「目だたない仕事、つまらない辛い仕事をよろこんで引き受け、黙々と人にかくれて働くという心が、大事をなす青年の必須の条件ですよ」

青年は納得して帰っていった。

青年時代というものは、一歩一歩確実に前進してゆくことより、一足とびにゴールのテープを切りたがるものである。千里の旅も一足から、という諺の通り、一足一足が千里の旅を完了させてくれるのである。

　何々のため、何々のため、というけれど、ため為といっていて、本当にそのこと自体のためになったことはないようだ。世界人類のため、人のため、というけれど、本当は自分のためなのである。否、自分のためでもない。与えられた仕事を一生懸命やっていれば、それが人々のためになっている、という姿が一番望ましいわけだ。

　しかし、何々のため、という目標がなければ、誠を尽して目の前の仕事はなかなか出来るものではない。だから、それを行じていけば、知らぬ間に人類のためにもなっていれば、自分のためにもなっているというものが、是非とも必要なのである。こうした微妙な心の動きを理解して、満足させつつ、巧みに神一筋に昇華させてくれるのは、世界平和の祈りより他にない、ということを先生と青年の会話を聞きながら思ったものである。

370

最近、登校拒否、学校嫌いが大変ふえているという。そういう子供の相談が、しばしば持ちこまれてくる。編物や踊りなら喜んで行くのに、学校となると急にお腹が痛くなったり、起きられなくなったりするのだという。五井先生はこんなことをおっしゃっていた。

「猫もしゃくしも学校学校というのが現代の風潮だが、高等学校を出なければ女の子はお嫁にいかれない、大学を出なければ男の子は出世出来ない、という社会機構は間違っているよ。大学は大学でよいけれど、中学校を出たら、自分の好きな課目が自由に研究、実修出来る職業学校のようなものをつくるべきだ。その学校は特種学校になるだろうけれど、特種学校でありながら、ふつうの学校と同等の免状、資格がもらえるようなものにすべきだ。そういう学校が出来なければ、ますます画一的な人間が出来るばかりだし、登校拒否症なんていう子供がふえてくる。楽しくいける学校、そんな学校が各県に一つでもあれば、拒否症も随分へるだろう」

あとがき

「如是我聞《によぜがもん》」が好評を頂き、ここに続篇を刊行することになった。

五井先生と私との出会いは昭和二十六年の初夏ごろであった。たまたま知り合ったばかりの横関実さんに連れられて、Kさん宅でお話と個人指導をしていらっしゃった五井先生にお会いした。階段をトントンと昇り、ご挨拶をした。ニコリッと笑った五井先生のその笑顔がなんともいえない魅力だった。その時私は十八才、それがご縁だった。

それから五年たった昭和三十一年の初夏、私は病気のため、生と死のギリギリの境目にあった。「私にすべてをまかせなさい」という五井先生の言葉に、私は生も死も、命もすべてをおまかせした。そして全く奇蹟的に短時日で癒されたのである。両肺・腸・喉頭の三つの結核だった。

五井先生への思慕はますます深くなった。五井先生なくして私の生はあり得ない。五井先生なくして私はあり得ないのである。五井先生は私にとって、両親より慕わしき魂の親であり、私の神さまなのである。といって五井先生を雲上人の如く、みすの中に奉っているわけではない。そんなことは五井先生も大嫌い。

或る時、或る人が先生をみすの奥に座らせようとした。そしたら「私はやだよ。代りにあんたが座りなさい」と先生にすかされて、その人は苦笑いしていた。

さて、前編にもあとがきで書いたことであるが、何か困った時、何か悲しい時、何かつらい時、さびしい時、気持が滅入っている時、そして何か心あふれている時、五井先生を思って、指がかかったところをパッと開ける。すると、その時、あなたに必要な言葉が与えられる。そして勇気づき、明るくなり、心が暖く豊かな感じになってくる。この本はそういう使命を持っている本であると私は信じている。終りに、推薦文を詩人長谷部俊一郎さんから頂き、誠に光栄に思っている次第である。

昭和四十九年八月二十日

高橋英雄

著者紹介：昭和７年（1932）東京に生まれる。両国高校中退、高校生の時、肺結核発病、それが機縁で五井先生に帰依、昭和29年白光誌創刊。以来、白光真宏会の編集出版に従事、編集長、出版局長、副理事長を歴任し、平成11年退任。
著書に『如是我聞』（正・続々）、『師に倣う』、『五井先生の辞書』、『生命讃歌』ほか。

発行所案内：**白光**（びゃっこう）とは純潔無礙なる澄み清まった光、人間の高い境地から発する光をいう。白光真宏会出版本部は、この白光を自己のものとして働く菩薩心そのものの人間を育てるための出版物を世に送ることをその使命としている。この使命達成の一助として月刊誌「白光」を発行している。

白光真宏会出版本部ホームページ　http://www.byakkopress.ne.jp/
白光真宏会ホームページ　http://www.byakko.or.jp/

続・如是我聞

昭和四十九年十一月二十日　初版
令和　三　年　四　月　一　日　十六版

編著者　高橋英雄
発行者　吉川譲
発行所　白光真宏会出版本部
〒418-0102　静岡県富士宮市人穴八一二-一
電話　〇五四四（二九）五一〇九
FAX　〇五四四（二九）五一一二
振替　〇〇一八〇・八・一六七六二一

印刷・製本　株式会社インプレッソ

乱丁・落丁はお取り替えいたします。
定価はカバーに表示してあります。

ISBN978-4-89214-220-8 C0214
d5